니•체•의•잠•언•과•해•설

니체

인간에 대해서 말하다

니•체•의•잠•언•과•해•설

니체

인간에 대해서 말하다

— 병든 인간, 건강한 인간

서울대 철학과 교수
박찬국 지음

철학과현실사

머리말

굳이 칸트의 말을 빌릴 것도 없이, 인간이란 어떤 존재인가라는 문제는 모든 철학적 문제들이 궁극적으로 귀착되는 가장 중요한 물음이다. 그리고 하이데거가 말하는 것처럼, '인간이란 우리에게 가장 가까운 것이면서도 존재론적으로 가장 먼 것, 즉 가장 수수께끼 같은 존재자'다. 이 책은 이렇게 우리 자신에게 가장 중요한 문제면서도 가장 수수께끼 같은 존재자인 인간에 대한 니체의 잠언들을 모아서 간략한 해설을 붙인 책이다.

데리다와 푸코 그리고 들뢰즈와 같은 사상가들이 전 세계적으로 관심을 끌면서 그들의 정신적인 사부라고 할 수 있는 니체의 사상도 새삼스럽게 다시 큰 주목을 받고 있다. 그리고 이러한 니체 열풍과 함께 니체에 대한 새로운 해석도 쏟아져나오고 있다. 심지어 이제 니체는 마르크스를 대신하여 좌파의 이념적인 대표자로 추앙되고 있는 형편이다. 니체를 파시즘과 제국주의의 사상적 원조라고 단죄하던 루카치의 견해가 상당한

설득력을 갖는 것으로 운위되던 때에 비하면 금석지감을 느끼지 않을 수 없다.

이 책에는 니체가 인간을 보는 다각도의 시각을 담은 잠언들을 함께 모아놓았다. 독자들이 이 잠언들을 직접 접하면서 니체를 과연 좌파적인 사상가로 보아야 할 것인지 우파적인 사상가로 보아야 할 것인지 아니면 이것도 저것도 아닌 그 이상의 사상가로 보아야 할 것인지를 스스로 판단해보기 바란다.

니체는 인간의 본질을 힘에의 의지라고 보았다. 모든 인간들은 힘을 지향하고 자신의 힘을 느끼고 즐기고 싶어한다는 것이다. 니체는 인간의 모든 행태와 사상을 이러한 의지로 환원하여 설명하려고 한다. 그런데 니체는 이러한 힘에의 의지가 다양한 형태를 띨 수 있다고 본다. 야만적이고 무자비하고 난폭하면서도 건강한 힘에의 의지가 있는 반면에, 이러한 건강한 정복욕과 지배욕을 밖으로 발산하지 못하고 자신의 내부로 향함으로써 끊임없이 자신을 학대하고 양심의 가책으로 괴로워하는 병들고 나약한 힘에의 의지도 있다. 이에 반해서 자신에 대한 긍지에 차 있고 독립적이며 인생의 모든 고통과 고난을 흔쾌하게 긍정할 정도로 힘에 넘치면서도 타인들에게는 관대하고 자신의 넘치는 힘을 그들에게 흘러가게 하는 건강하면서도 고귀하고 우아한 힘에의 의지도 있다.

니체는 예민한 후각을 가지고, 인간의 모든 행태와 사상에서 그것이 어떤 종류의 힘에의 의지에서 비롯된 것인지를 가려낸다. 특히 그는 플라톤 이래 2500년 동안 서양에서 진리로 간주되어 왔던 철학과 종교 그리고 정치 체제 등에서 병들고 나약한 힘에의 의지의 냄새를 맡아낸다. 니체에 따르면, 그것들이 진리로 받아들여져 온 것은 그것들 자체가 진리이기 때문이 아니라 그것들을 진리로 여길 정도로 서양인들이 병들고 나약한 힘에의 의지에 사로잡혔기 때문이다.

생성 변화하는 현실 세계를 스스로 짊어질 힘을 상실하게 된 플라톤 이래의 서양인들은 이데아 세계나 천상의 세계를 고안하여 그것들에 의지하려고 한다. 그리고 그들은 이데아 세계나 천상 세계의 주인인 신이 인간에게 내려준 선천적인 도덕률이 있다고 생각하면서, 자신들이 그러한 도덕률을 제대로 구현하지 못하고 있다고 자학하고 양심의 가책에 시달린다. 그들은 이데아 세계나 피안의 신에 의지함으로써 삶을 살아갈 힘과 위안을 얻지만, 그 대신에 자신의 충동과 열정을 끊임없이 학대하는 병적인 인간이 되는 것이다.

그렇다고 해서 니체가, 힘에의 의지가 이렇게 문명화되고 순치되기 이전의 상태인 야만적이고 폭력적이면서도 건강한 힘에의 의지로 되돌아가자고 말하는 것은 아니다. 루카치의 해석이 대표적인 것이겠지만 니체는, 옛날의 아리안 족처럼 다른 종족들을 무자비하게 정복하고 억압하면서 노예로 부렸던 금발의 야수들을 찬양하는 무분별하고 파괴적인 사상가로 흔히 해석되었다. 그러나 이 잠언들을 따라 읽어가다 보면 분명해지겠지만, 니체가 지향하는 힘에의 의지는 이데아 세계나 피안이 아니라 자신의 힘에만 의존하는 강한 힘에의 의지일 뿐 아니라 적들에게 관대하고 그들을 정신적으로 감화시킬 수 있는 고귀하고 우아한 힘에의 의지다. 니체는 이러한 의지야말로 외관상으로는 극히 부드러우면서도 실질적으로는 가장 강력한 의지라고 보고 있다. 이런 맥락에서 그는 이러한 의지의 대표적인 구현자를 괴테에서 찾았던 것이다.

동양 식 표현을 빌리자면, 우리는 사람들을 접할 때 상대방에게서 어떤 기운(氣運)를 느낀다. 우리는 상대방에게서 말이나 행동에 의해 직접적으로 표현되지 않아도 야만적이고 폭력적인 기운을 느낄 수 있고 허약하고 병든 기운을 느낄 수도 있으며, 상대방이 아무 말도 하지 않고 가만히 앉아 있지만 그에게서 부드러우면서도 세상이 무너져도 평온함을 깨뜨리지 않을 정도의 강인한 기운을 느낄 수도 있다. 이렇게 보면 니체는, 우리가 일상적으로 사람들을 접하면서 아니면 자기 자신에게서 온몸으로 느낄 수 있는 기운을 인간의 모든 행태와 사상을 설명할 수 있는 근거로 보면서 해석했던 서양 최초의 사상가라고 볼 수 있다. 그리고 이 점에서 동양의 이른바 기철학(氣哲學)과 힘에의 의지에 대한 니체의 사상 사이에는 풍요로운 대화의 장이 열릴 수도 있다고 생각된다.

독자들의 이해를 돕기 위해서 서문에 니체 사상의 핵심이라고 생각되는 것을 간략하게 정리해보았다. 아울러 잠언들에 붙인 해설은 단지 본인의 주관적인 견해를 담은 것에 불과한 것임을 부언해둔다. 본인의 해석에 구애받지 말고 독자들이 잠언에 대한 독자적인 생각을 전개시켜나가기 바란다.

끝으로, 출판계의 어려운 현실에도 불구하고 언제나 흔쾌하게 출판을 허락해주시는 [철학과현실사] 사장님 그리고 아름답게 책을 만들어주신 편집진 여러분께도 깊은 감사를 드린다.

2008년 5월 1일

박 찬 국 씀

차 례

제1장 병든 인간의 생리학

[1]병든 인간과 금욕주의의 병리학

[2]병적인 감정의 해부

차 례

차 례

제3장 건강한 인간을 찾아서

차 례

제1장

병든 인간의 생리학

[1]병든 인간과 금욕주의의 병리학

영혼의 치유사, 니체

"[…] 우상들(나는 모든 종류의 '이상'을 이렇게 부른다)을 전복시키는 것 — 이것이야말로 일찍부터 나의 일이 되었다. 이제까지 사람들은 이상적인 세계라는 것을 날조한 만큼 현실적인 세계로부터 그것이 갖는 가치, 의미, 진실성을 박탈해왔다 …. '참된 세계'와 '가상의 세계'라고 말해지는 것은 독일어로 이렇게 번역되어야만 한다. 즉, 참된 세계는 날조된 세계이고 가상의 세계야말로 현실이라고. 이상이라는 거짓말은 이제까지 현실에 대한 저주였고, 인류 자체는 이러한 거짓말에 의해서 그의 본능의 밑바닥까지 기만당하고 그릇되게 되었다. 그 결과 마침내는, 인류에게 번영과 미래 그리고 미래에 대한 권리를 보장해줄 수 있는 가치들과는 정반대의 가치가 숭배되기에 이르렀다." (『이 사람을 보라』)

"영혼을 치유하는 새로운 의사들은 어디에 있는가? ▸▸ 사람들은 인생은 근본적으로 고통에 가득 차 있다고 믿는다. 그런데 위안이라는 약이야말로 인생이 그러한 근본 성격을 갖게 된 원인이다. 인간의 가장 큰 병은 그들이 병들을 이겨내는 것을 통해서 생겼다. 그리고 치료제라고 생각되었던 것이 장기적으로는 그것에 의해서 고쳐져야 할 것보다도 더욱 악성의 병을 만들어내었다. 무지하기 때문에 사람들은 순간적인 효과는 있지만 마비시키고 도취시키는 약, 이른바 위안이 치료의 힘을 갖는다고 생각했다. 더 나아가 사람들은 이러한 즉각적인 진통 효과를 대가로 자주 고통이 전반적으로 심각하게 악화되는 결과를 초래하게 된다는 사실을 깨닫지 못했다. 즉, 병자들은 도취의 부작용, 나중에는 도취를 더 이상 맛볼 수 없고 더 나중에는 불안, 신경 장애, 나쁜 건강과 같은 짓누르는 감정 때문에 고통을 받아야만 했다는 사실을 깨닫지 못했다. 어느 정도까지 병이 깊어지면 사람들은 더 이상 회복하지 못했다. 이러한 상태를 야기한 것은 영혼의 의사들, 즉 일반적으로 신뢰받고 숭배되었던 사람들이었다. 사람들이 쇼펜하우어를 따라서, 그가 인류의 고통을 마침내 다시 진지하게 생각했다고 말하는 것은 옳다. 이 고통에 대한 치료제를 마침내 다시 한 번 진지하게 생각하고, 가장 찬란한 명성과 함께 지금까지 습관적으로 인류의 영혼의 질병을 치료해 온 전대미문의 엉터리 치료제에 대해서 고발할 자는 어디에 있는가?"(『아침놀』)

[해설]

니체 철학의 문제 의식을 여러 가지로 특징지을 수 있겠지만 니체의 가장 근본적인 문제 의식은 신이 죽은 시대에 건강한 삶은 어떻게 가능한가 하는 것이 아니었나 한다. 니체 철학은 모든 것을 병적이냐 건강하냐는 관점에서 평가한다는 점에서 생리학적인 철학이다. 물론 그러한 생리학은 육체적인 차원의 건강과 병을 진단하는 것이 아니라 우리의 인격 전체의 건강과 병을 진단한다는 점에서 통상적인 생리학과는 다른 성격을 갖는다.

우리의 삶이 우리가 통제할 수 없는 생성과 소멸, 투쟁과 혼돈, 질병과 노화 속에 있다는 것은 삶의 가장 명백한 사실이다. 이러한 현실에 이기기 위해서 우리는 온갖 상상과 허구를 만들어낸다. 니체는 서양의 종교와 형이상학의 역사란 사실 이러한 상상과 허구의 역사라고 본다.

서양 형이상학과 그리스도교를 니체는 이원론으로 규정한다. 그것들은 생성 변화하는 현실을 가상이나 타락한 세계로 보면서, 영원불변의 세계를 진정한 세계로 간주한다. 그것들은 하나의 인간 역시 생성 변화하는 현실에 속하는 부분인 육체와 그렇지 않은 부분인 영혼으로 나눈다. 육체가 가상이고 타락한 것이라면 영혼이야말로 영원불변한 실체이고 순수한 것이다.

이와 함께 그것들은 육체적인 욕망과 감각적인 충동은

비본질적이고 타락한 것으로 간주하면서 영혼이 이러한 욕망과 충동에 물들지 않도록 경고한다. 서양의 전통 형이상학과 그리스도교는 육체와 그것과 대립된 순수한 정신 혹은 참된 자아를 상정하는 것을 통해 육체의 자연스런 본능과 충동을 억압하면서 사람들을 병적으로 만들게 된다. 형이상학적인 이원론은 자신의 필연적인 귀결로서 금욕주의를 수반하는 것이다. 니체는 이러한 금욕주의야말로 세계를 현상계와 이데아의 세계로 나눈 플라톤 이래 2500년 동안 유럽인들의 정신을 나약하고 병들게 만든 근본적인 원인이라고 본다.

이러한 이원론 덕분에 사람들은 영원불변한 천상의 세계에 대한 희망과 기대에 의지하면서 지상에서 겪는 고통과 불안, 무상함을 견뎌낼 수 있을지는 모른다. 그러나 이러한 허구적인 위안에 의존함으로써 사람들은 더욱 나약하고 비겁하게 될 뿐 아니라 더욱 병적이 된다. 덧없이 생성 변화하는 현실에 대해서 인간이 느꼈던 불안은 초월적이고 신적인 존재나 절대적인 도덕 규범에 의지하는 것을 통해서 사라지는 것이 아니라 오히려 그것들에 대한 불안으로 변형되어 나타나는 것이다. 즉, 이제 사람들은 자신이 신과 도덕의 명령을 어기지 않았는지에 대해서 불안해하고 죄책감과 신경과민에 사로잡히고 자학하게 된다.

니체는 서양의 형이상학과 그리스도교의 이원론적인 상상은 정신적으로 허약하고 병든 인간들로부터 생긴 것이라고 보았다. 이렇게 정신적으로 허약하고 병든 인간들에게서 나온 이론 체계가 일반인들에게는 진리의 체계로 주입되면서, 정신적으로 건강한 사람들마저도 병약하게 만들어버린다. 병든 인간들은 병든 상상과 허구에 의해서 자신의 삶뿐 아니라 건강한 사람들의 삶마저도 더욱더 구제불능의 병든 삶으로 만들어버리는 것이다.

그러나 니체는 상상과 허구 자체를 부인하는 것은 아니다. 상상과 허구에도 인간을 건강하게 만드는 상상과 허구가 있다면 인간을 병적으로 만드는 상상과 허구가 존재한다. 인간을 건강하게 만드는 상상과 허구의 대표적인 것으로 니체는 그리스 신화를 들고 있다. 이에 대해서 인간을 병적이고 허약하게 만드는 상상과 허구의 대표적인 것으로 니체는 플라톤에서부터 헤겔과 쇼펜하우어에 이르는 서양의 형이상학을 들고 있으며 그 중에서 그리스도교를 최악의 것으로 꼽고 있다.

니체는 영혼을 근본적으로 치유하는 길은 가공의 위안에 의지하는 것이 아니라 인간이 자신의 운명을 스스로 흔쾌하게 짊어질 수 있을 정도로 건강하고 강인한 존재로 변하는 것이라고 본다. 이런 의미에서 니체는 자신을 영혼의 치유사라고 본다. 자신은 인류가 느끼고 있는 고통의 근본적인 원인을 탐색하고 그것을 치유할 수 있는 진정한 방법을 모색하는 자라는 것이다.

금욕주의는 지배욕의 병적인 표현이다

"금욕주의의 여러 형태들은 자기 자신에 대한 저항의 가장 승화된 표현이다. 어떤 사람들은 권력을 행사하고 지배욕을 실현하고픈 강렬한 욕구를 느낀다. 그런데 다른 대상이 없거나 또는 다른 방향에서의 노력이 언제나 실패했기 때문에, 그들은 결국 자기 본성의 어떤 부분을 학대하자는 생각에 이르게 된다."(『인간적인 너무나 인간적인』)

"[…] 성자는 자기 자신에 대해 저항한다. 그 저항은 지배욕과 밀접하게 관련되어 있으며, 가장 고독한 자에게도 힘의 느낌을 준다."(『인간적인 너무나 인간적인』)

[해설]

자연스런 욕망이나 본능을 악한 것으로 보면서 근절해

야 한다고 보는 금욕주의와 이러한 금욕주의를 철저하게 관철할 수 없는 데서 오는 죄의식이 서양 형이상학과 그리스도교가 만들어내는 병적인 정신 상태다. 금욕주의는 영혼이 육체와 지속적으로 전쟁을 벌이게 하는 한편, 감각적인 욕망의 유혹에서 벗어나지 못하는 영혼으로 하여금 자신을 학대하게 만든다. 이러한 자기 학대는 영혼이 자신을 공격하는 죄책감으로 나타날 수 있지만, 심한 경우에는 자신을 타락시키는 원인으로 간주되는 자신의 육체나 여성을 학대하는 것으로도 나타난다. 사람들은 자신의 성기를 잘라내거나 자신의 등짝에 채찍질하기도 하며 여성을 유혹자로 단죄하기도 한다.

아울러 금욕주의는 단순히 욕망을 억압하는 것을 넘어서 욕망을 억압하는 삶을 이상적인 삶이라고 보는 한편, 욕망을 분출하면서 사는 삶은 타락한 것으로 본다. 금욕적인 삶을 살고 더 나아가 그것을 이상적인 삶으로 생각할 수 있는 동물은 오직 인간뿐이다. 금욕주의자들은 바로 이 때문에 금욕주의적 삶이야말로 인간다운 삶이고 금욕하지 않는 삶은 동물적인 삶으로 본다.

금욕주의자들은 이렇게 자신들이 모든 욕망을 근절하려고 하는 고상한 자들이라고 생각하지만, 니체가 보기에는 금욕주의 자체는 지배욕이 구현되는 병적인 방식일 뿐이다. 금욕주의자들은 보통 인생의 실패자들인 경우가 많다. 이들은 외부 환경이나 타인들을 지배함으로써 자신의 힘을 느끼고 싶었지만, 이러한 다른 대상이 없거나 그것들을 지배하는 데 실패했기 때문에 자신의 힘을 느끼는 방법으로 자신을 학대하고 지배하는 것을 택하게 되었다는 것이다.

금욕주의의 첫 번째 형태 : 무에 대한 열망

"고통 자체가 아니라 고통의 무의미가 바로 이제까지 인류에게 내려져 있었던 저주였다 ▸▸ 그런데 금욕주의적 이상은 인간에게 하나의 의미를 주었던 것이다! 그것은 지금까지 주어진 유일한 의미였다. 어떤 의미가 있다는 것은 아무런 의미도 없다는 것보다는 낫다. 금욕주의적인 이상은 어떤 점에서 보더라도 최상의 '어쩔 수 없는 것'이었다. [⋯] 이 해석은 의심할 여지없이 새로운 고통을 가져왔다. 그것은 더 깊은, 더 내면적인, 더 유독한, 더욱 삶을 갉아먹는 고통이었다. 이 금욕주의적 이상은 죄라는 관점에서 모든 고통을 해석했다. ⋯ 그러나 그 모든 것에도 불구하고 — 인간은 그것에 의해서 구원을 받았고, 의미를 갖게 되었으며, 이제 더 이상 바람에 휘날리는 나뭇잎이 아니었으며, 무의미의 장난감이 아니게 되었다. — 이제 인간은 무엇인가를 의욕할 수 있었다. 어디를 향해서, 무엇 때문에, 무엇에 의해서 의욕했는가는 중요하지 않다. 의지 자체는 구원되었던 것이다. 금욕주의적 이상에 의해서 방향이 정해진 저 모든 의지가 도대체 무엇을 표현하고 있는지는 은폐할 수 없다. 인간적인 것에 대한 증오, 한층 더 동물적인 것에 대한 증오, 한층 더 물질적인 것에 대한 증오, 이성과 관능에 대한 공포, 행복과 아름다움에 대한 공포, 모든 가상, 변화, 생성, 죽음, 소망, 욕망 그 자체로부터 도망치려는 갈망, 이 모든 것이 의미하는 바는 — 우리가 감히 그것을 파악하려고 시도한다면 — 허무에의 의지며, 삶에 대한 혐오며, 삶의 가장 근본적인 전제들에 대한 반역이다. 그러나 이것은 하나의 의지며 의지로서 남아 있다! … 그래서 처음에 말했던 것을 결론적으로 다시 한 번 말한다면, 인간은 아무것도 의지하지 않기보다는 오히려 허무를 의지하기를 원한다."(『도덕의 계보』)

"유일한 길 ▸▸ '변증법은 신적인 존재와 현상들의 장막 배후에 도달하기 위한 유일한 길이다.' 플라톤은 변증법을 부정하는 쇼펜하우어 못지않게 엄숙하고 열정적으로 변증법을 긍정하면서 이렇게 주장한다. 그리고 두 사람 모두 틀렸다. 왜냐하면 그들이 거기에 이르는 길을 보여주려고 하는 그것은 존재하지 않기 때문이다. 그리고 인류의 위대한 모든 열정들은 이제까지 그와 같이 무를 향한 열정이 아니었을까? 그리고 인류의 모든 엄숙한 축제들은 무를 둘러싼 축제들이 아니었을까?"(『아침놀』)

[해설]

니체는 서양의 역사를 2500년 동안 지배해온 금욕주의가, 현실에서 우리 인간이 느끼는 불쾌감과 고통을 완화시키는 방법으로 택하는 주요한 방법 중의 하나를 의지나 욕망 자체를 제거하는 방법으로 보고 있다. 그것은 사랑하지도 않고, 미워하지도 않으며, 무관심하고, 복수도 하지 않고, 부자도 되지 않고, 일하지도 않는 것이다. 이러한 조치를 니체는 많은 열대 식물이 여름잠을 자는 것과 유사한 상태를 추구하는 것으로 보고 있다.

니체는 불교나 그리스도교에서 말하는 황홀경과 신성화의 상태는 이렇게 감정과 의지를 제거함으로써 도달하게 되는 일종의 최면 상태라고 보고 있다. 이러한 상태는 최면적인 무의 상태이고, 가장 깊은 잠의 휴식이고, 고통이 부재한 상태다. 삶의 의지가 약화되어 있는 자는 이렇게 고통이 제거되고 최면적인 휴식 상태에 들어간 것을 최상의 선으로 여기고 신적인 것으로 여긴다. 따라서 이들은 무(無)를 신이라고 부르고 신을 무라고 부른다. 이런 의미에서 니체는 금욕주의를 '무를 열망하는 의지'라고 규정하고 있다.

금욕주의적 이상인 천상의 세계나 이데아의 세계 그리고 그것들로부터 규정된 도덕 규범을 제외하고 사람들은 이제까지 어떠한 삶의 의미도 지니지 못했다고 니체는 보고 있다. 그런데 인간은 의미를 추구하는 동물이다. 인간은 자신의 삶의 의미 문제로 괴로워하는 유일한 동물인 것이다. 동물들은 본능적인 욕구만 만족되면 자신의 삶에 만족하고 건강하게 살아가지만, 인간은 자신의 본능적인 욕구가 충족되어도 삶의 의미가 없으면 우울에 빠지고 자살할 수도 있다.

이에 반해서 인간은 의미만 있으면 어떠한 고통도 감당해낼 수 있다. 수많은 사람들이 그리스도교는 자신에게 삶의 의미를 준다고 생각했기에 순교의 고통을 감당해냈다. 니체는 이와 관련하여 인간은 용감하고 괴로움에 익숙한 동물이기에 고통 자체를 거부하지 않는다고 말하고 있다. 고통 자체의 의미만 부여되면 인간은 고통을 바라고 고통을 찾기까지도 한다는 것이다.

금욕주의적 이상은 인간에게 하나의 의미를 주었다. 그것은 지금까지 인간에게 주어진 유일한 의미였다. 그러나 금욕주의적 이상은 이렇게 의미를 주었지만 그것은 삶을 총체적으로 부인하는 의미였다.

금욕주의는 인간적인 것에 대한 증오, 한층 더 동물적인 것에 대한 증오, 한층 더 물질적인 것에 대한 증오, 이성과 관능에 대한 공포, 행복과 아름다움에 대한 공포, 모든 가상과 변화와 생성과 죽음과 욕망 자체로부터 도망하려는 열망이다. 이 모든 것이 의미하는 것은 허무에의 열망이며, 삶에 대한 혐오다. 단적으로 말해서 그것은 '허무를 열망하는 의지'다. 그러나 의지는 의미를 바라기에 이렇게 허무한 의미에라도 집착하려고 하는 것이다.

금욕주의의 두 번째 형태 :
고통을 자신의 죄에 대한 신의 형벌로 보는 것

"인간이란 그 자신으로 인하여 여러 가지 고통을 당하면서 … 왜 고통을 당하는지 모르기 때문에 그 이유에 목말라 하면서 — 그 이유가 고통을 완화하리라 — 동시에 치유와 마약을 갈망하다가, 마침내는 감추어진 비밀을 잘 아는 사람과 상담하게 된다. 그리고 보라! 그들은 암시를 얻었던 것이다. 그들의 마법사, 금욕적 사제로부터 고통의 '이유'에 대한 첫 번째 암시를 얻었던 것이다. 즉, 그들은 그 이유를 자신 속에서, 죄책감 속에서, 과거의 편린 속에서 찾아야만 한다는 것 그리고 자신들의 고통을 하나의 벌로 이해해야 한다는 것을."(『도덕의 계보』)

[해설]

금욕주의가 사용하는 현실의 고통과 불쾌감을 이겨내는 주요한 방법으로 사용하는 것은 죄책감을 이용하는 것이다. 사람들은 자신이 삶에서 느끼는 생리적인 고통과 불쾌감의 원인을 자신이 지은 죄에서 찾는다. 그리고 사람들은 자신이 느끼는 고통을 그러한 죄에 대한 벌로 이해한다. 예를 들어, 사람들은 우연한 교통 사고로 자식이 죽었을 경우 그것을 자신이 과거에 범한 죄에 대한 형벌로 생각하게 된다. 더 나아가서 사람들은 자신의 불쾌감과 고통을 당연한 것으로 여기면서 수용하고 오히려 자신을 더욱 괴롭히고 고통을 갈구하게 된다.

이러한 방법은 그리스도교에서 뿐 아니라 많은 종교들에서 발견된다. 그리스도교에서는 인간이 지상에서 겪는 고통은 아담이 지은 원죄 때문이고 이 지상에서 고통을 당하면 당할수록 더욱 많은 죄를 갚는 것이라고 생각하게 된다. 힌두교나 불교에서도 이 지상에서 당하는 고통은 전생에 지은 죄의 결과라고 보게 된다. 따라서 인간은 불만 없이 고통을 받아들여야 한다고 보며, 고통이 심하면 심할수록 그 전에 지은 더 큰 죄가 소멸되는 것이라고 본다.

고통의 진정한 원인

"가련한 인류▸▸ 뇌 속에 피가 한 방울이 모자라거나 넘치는 것만으로도 우리의 인생은 말할 수 없을 정도로 비참하고 힘들 수 있다. 우리는 프로메테우스가 그의 심장을 쪼아 먹는 독수리 때문에 고통을 받았던 것 이상으로 이 한 방울의 피 때문에 고통을 받을 수 있다. 그러나 저 한 방울이 우리가 겪고 있는 고통의 원인이라는 것을 우리가 알지도 못하고 '악마'라든가 '죄'가 원인이라고 생각할 때 가장 끔직한 사태가 벌어진다."(『아침놀』)

"그 원인[고통의 원인]은 아마도 '교감신경'의 병에 있을지도 모르며, 혹은 지나친 담즙의 분비라든가 혹은 혈액에 유산이나 인산이 결핍해 있을지도 모르며, 혹은 혈액 순환을 방해하는 복부 장애라든가 난소의 퇴화 그리고 기타의 것에 있을지도 모른다."(『도덕의 계보』)

"'나는 고통을 당한다. 이에 대해서 누군가가 책임을 져야 한다.'—모든 병든 양들은 이렇게 생각하는 것이다. 하지만 목자인 금욕적 사제는 다음과 같이 말한다. '그렇다, 나의 양들이여! 누군가 고통에 대해서 책임을 져야 한다. 너희 자신이 바로 이 책임자다. 다른 사람이 아닌 너희 스스로가 이에 대해 책임을 져야 한다. 너 자신에 대해서 자신이 책임을 져야 한다.'"(『도덕의 계보』)

"인류의 새로운 교육을 위해서 ▸▸ 그대들 자비롭고 호의적인 사람들이여, 전 세계에 만연되어 있는 형벌의 개념을 세계로부터 제거하는 일에 협조하라! 그것보다 더 나쁜 잡초는 없다! 단지 우리의 행동 방식이 초래한 결과에 대해서만 형벌이란 개념이 적용된 것은 아니다—그리고 원인과 결과를 원인과 형벌로 이해하는 것만 해도 이미 얼마나 섬뜩하고 반이성적인 것인지?—그 이상의 일이 행해졌던 것이다. 형벌의 개념에 대한 이러한 잔인무도한 해석술에 의해서, 사건들의 순전히 우연한 성격은 무구함을 상실하게 되었다. 그뿐 아니라 존재 자체를 형벌로 느끼라고 명령할 정도로 광기는 극에 달하게 되었다. 이는 간수와 교수형리(絞首刑吏)의 망상이 지금까지 인류의 교육을 이끌어온 것과 같다!"(『아침놀』)

"형벌을 내리는 정의 ▸▸ 불행과 죄 — 그리스도교는 이 두 가지를 하나의 저울 위에 놓았다. 따라서 죄에 따르는 불행이 클 경우에 지금도 여전히 죄의 크기는 부지불식간에 그에 따라 측정된다. 그러나 이것은 고대적인 것은 아니다. 그래서 그 때문에 대단히 풍부하게 더구나 아주 다른 의미에서 죄와 불행을 다루고 있는 그리스 비극은 고대인 자신이 느낄 수 없었을 정도로 위대한 심정의 해방자에 속한다. 그들은 너무나 순진무구해서 죄와 불행 사이에서 어떠한 '상응 관계'도 설정하지 않았다. 그들의 비극적인 영웅들의 죄는 정녕 그들이 걸려 넘어지고 그 때문에 팔이 부러지고 눈알을 뽑히게 되는 작은 돌이다. 고대인들의 감각은 그것에 대해서 이렇게 말했다. '그런데, 그는 약간 더 신중하게 그리고 덜 오만하게 걸어야 했다!' 그러나 그리스도교는 처음으로 이렇게 말했다. '여기에는 큰 불행이 있다. 그 배후에는, 우리가 분명하게 볼 수는 없어도 무겁고 [그 불행과] 동일한 정도로 무거운 죄가 숨어 있다! 불행한 그대가 그렇게 느끼지 않는다면 그대는 완고한 자다. 그대는 훨씬 더 나쁜 일을 겪게 될 것이다!' 더구나 고대에는 정녕 불행이 있었다. 순수하고 죄와 무관한 불행이 있었다. 그리스도교가 나타나면서 비로소 모든 것이 벌이 되며, 받아야 마땅한 벌이 된다. 그리스도교는 고통을 겪는 자가 자신의 상상력을 통해서 더 큰 고통을 받게 한다. 따라서 그는 불행을 겪을 때는 언제나 자신이 도덕적으로 비난받아야 하고 저주받은 것으로 느낀다! 그리스인들은 다른 사람의 불행에 대한 분개를 가리키는 고유한 말을 가지고 있었다. 이러한 감정은 그리스도교를 믿는 민족들 안에

서는 허용되지 않았기 때문에 그들에게는 좀더 동정의 남성적인 형제[다른 사람의 불행에 대한 분개]를 가리키는 단어도 없다.”(『아침놀』)

[해설]

니체는 우리가 지상에서 겪는 고통을 우리가 저지른 죄에 대한 형벌로 이해하는 관념이 갖는 기만성에 대해서 폭로하고 있다. 이러한 관념은 많은 경우 삶에 대한 불쾌하고 괴로운 느낌에서 출발하는데, 니체는 이러한 느낌은 보통 생리적인 데 원인이 있다고 본다. 그러나 우리는 불쾌감과 고통을 느낄 경우 이러한 감정의 원인을 발견하는 데 무서울 정도의 독창성을 발휘한다. 우리는 친구나 아내 혹은 자식 혹은 그들에게 가까운 어느 누군가를 이러한 불쾌감과 고통의 원인으로 만든다. 우리는 이렇게 생각하게 된다. ‘나는 괴롭다! 누군가가 이러한 사태에 대해서 비난을 받아야 한다.’

그러나 이에 대해서 그리스도교와 그리스도교의 금욕주의적인 사제는 이렇게 말한다. “우리 자신이 우리 자신의 불쾌감과 고통의 원인이고 그것에 대해서 책임을 져야 한다”고. 사람들이 사실상 고통을 당하는 이유는 자신의 몸이 단순히 생리적으로 문제가 있기 때문일 수 있는데도, 그리스도교는 그러한 고통을 벌로 생각하고 그러한 벌이 내가 저지른 죄에서 비롯되었다고 생각하는 것이다.

니체는 이러한 기만적인 관념에 대해서 그리스인들이 자신들이 겪는 불행에 대해서 취했던 태도를 대비시키고 있다. 그리스인들은 자신들의 불행을 자신들이 저지른 죄로 인한 것으로 보지 않았다. 고대인들은 누가 큰 불행을 당했어도 그는 더 신중하고 덜 오만했어야 한다는 식으로 말할 뿐이다. 그리스도교에서는 고통을 겪는 자가 자신의 고통을 자신의 죄로 인한 벌로 상상함으로써 더욱 큰 고통을 받게 된다. 자신이 겪는 고통에 죄책감이라는 또 다른 고통이 덧붙여지는 것이다.

그리스도 교인들은 죄책감을 경쟁적으로 과시한다

"덕의 배우와 죄의 배우 ▸▸ 덕을 통해서 유명하게 되었던 고대인들 중에는 자기 자신에 대해서 연기한 사람들이 무수하게 많았던 것으로 보인다. 특히 그리스인들은 태생적으로 배우들이었기 때문에, 그와 같은 것을 참으로 완전히 무의식적으로 행하면서 좋은 일이라고 생각했을 것이다. 게다가 사람들은 저마다 자신의 덕과 함께, 어떤 다른 사람의 덕 혹은 다른 모든 사람들의 덕과 경쟁했다. 자신의 덕을 보여주기 위해서, 무엇보다도 특히 자기 자신에게 보여주기 위해서 연습에서조차도 사람들은 모든 수단을 구사했다. 보여줄 수도 없고 보여줄 방도도 알지 못하는 덕이 무슨 소용이 있는가! 이들 덕의 배우들을 저지한 것은 그리스도교였다. 그 대신에 그리스도교는 죄의 역겨운 과시를 발명해내었고 기만적인 죄책감을 세계에 가지고 들어왔다(오늘날에 이르기까지, 훌륭한 그리스도교도 사이에 이것은 '고상한 태도'로 간주되고 있다)."(『아침놀』)

[해설]

그리스인들은 자신들의 덕에 대해서 긍지를 가지고 누가 더 지혜롭고 용감한지 경쟁했다. 이에 대해서 그리스도교는 신에 비하면 인간은 보잘것없는 존재라고 보면서 인간이 자신의 덕을 자랑하는 것을 교만으로 간주했다. 그 결과 자신의 죄를 고백하고 참회하는 인간이 훌륭한 인간으로 간주되게 되었다.

양심의 가책의 기원

"나는 양심의 가책이란, 인간이 지금껏 경험했던 변화들 중 가장 근본적인 변화가 가져온 압력 때문에 걸리게 된 심각한 병이라고 생각한다. 그 변화는 인간이, 자신이 궁극적으로 사회와 평화의 방벽에 갇혀 있다는 사실을 알았을 때 발생했다. […] 밖으로 발산되지 않는 모든 본능은 안으로 향하게 된다. […] 이렇게 해서 인간은 훗날 자신의 '영혼'이라 부르게 된 것을 처음 개발해냈다. […] 본능의 발산이 저지됨에 따라 내면 세계 전체가 깊이와 넓이와 높이를 얻게 되었다. 사회 조직이 오래된 자유 본능으로부터 자신을 보호하기 위해 구축한 저 무서운 방벽은 … 거칠고, 자유롭고, 방랑하는 인간이 가진 모든 본능들을 자기 자신에게 향하도록 만들었다. 박해, 공격, 변혁, 파괴를 즐김, 적대감, 잔인함. 이러한 모든 본능들이 그것의 소유자에게로 방향을 돌렸다. 이것이 바로 '양심의 가책'의 기원이다."(『도덕의 계보』)

"[…] 가장 오래된 '국가'는 끔찍한 폭정으로서 출현했으며, [⋯] 사람과 반(半)동물이라는 원료가 [⋯] 형태를 갖추게 될 때까지 폭정을 계속했다. 나는 '국가'라는 용어를 사용했다. 이 용어가 무엇을 의미하는지는 자명하다. 그것은 금발의 맹수 무리, 정복하고 지배하는 종족을 의미한다. 전쟁을 위해 조직되었으며, 또한 조직화하는 능력을 갖춘 이들은, 수적으로는 앞서지만 아직 형태를 갖추지 못한 채 떠도는 집단에게 주저 없이 무서운 발톱을 들이댄다. '국가'는 이런 식으로 지상에서 시작됐다. [⋯] 이 천부적인 조직가들은 죄가 무엇인지, 책임이 무엇인지, 숙고가 무엇인지 알지 못한다. [⋯] '양심의 가책'이 그들에게서 발생한 것이 아니라는 점은 말할 필요도 없다. 그러나 그것은 그들이 없었으면 발생하지 못했을 것이다. [⋯] 그들이 내리치는 망치 아래에서 엄청난 양의 자유가 세상으로부터 축출되지 않았다면, 또는 최소한 눈에 보이지 않는 어떤 것으로, 다시 말해 잠재적인 것으로 되지 않았다면, 양심의 가책은 생기지 않았을 것이다. 폭력으로 인해 잠재적인 것이 된 이러한 자유의 본능이 [⋯] 양심의 가책의 시작이다."(『도덕의 계보』)

"이러한 현상이 초기에는 고통스럽고 추하다고 해서 이를 가벼이 보아서는 안 된다. 왜냐하면 근본적으로, 저 폭력적인 예술가와 조직가들 안에서 대규모로 작동하면서 국가를 건설한 힘과 동일한 능동적인 힘이 여기에서는 내면적으로 [⋯] '가슴의 미궁' 속에서 [⋯] 스스로 양심의 가책을 만들어내기 때문이다. 이 힘이 바로 자유를 향한 본능(나의 용어로 표현하면, 힘에의 의지)이다. 차이가 있다면 [···] 이 힘이 작용하는 대상이 여기에서는 인간 자신 그리고 그의 오랜 동물적 자아 전체이지, [···] 다른 인간들이 아니라는 점이다.”(『도덕의 계보』)

“인간의 내면화는, 평화가 구축되고 사회 조직이 만들어짐으로써 외부로의 방출이 금지된 강력한 충동들이 내부에서 상상력과 결합하여 스스로를 억제하려고 시도할 때 발생한다. 적개심, 잔인함, 복수, 폭력을 향한 갈망은 자기 자신에게로 방향을 돌린다. 다시 말해 밑으로 ‘감춰진다’. [···] 충동은 악마로 변하고, 싸워 없애야 할 대상이 된다. (『힘에의 의지』)

[해설]

니체는, 원래 민중은 질서도 규율도 없는 무리에 불과했지만 국가의 무자비한 억압에 의해서 질서와 규율을 갖게 되었다고 보고 있다. 이 경우 니체는 이러한 국가의 주체를 지배자 종족, 정복자 종족이라고 보고 있다. 이들은 강한 조직력을 가지고 있었기 때문에, 수적으로는 압도적으로 우세하면서도 아직 뚜렷한 형태를 갖지 못했던 유랑민들을 정복해서 노예로 만들었고 이들에게 질서와 법을 강요함으로써 국가를 형성했다. 이와 함께 니체는 국가가 평등한 개인들의 사회 계약에 의해서 만들어졌다는 사회계약설을 단호하게 부정하고 있다.

니체는 천성적으로 강한 자들이 다른 연약한 민중에게 법과 질서를 새겨 넣었다고 본다. 니체는 양심의 가책은 이러한 강한 인간들이 아니라 이들이 지배한 연약한 노예들에게서 비롯되었다고 본다. 이들이 강한 자들의 철퇴질과 폭력에 의해서 엄청난 양의 자유를 상실하지 않았다면 양심의 가책도 생겨나지 않았으리라는 것이다. 강한 자들이 잔인한 폭력을 통해서 대규모적으로 국가를 건설하는 것과 마찬가지의 능동적이고 공격적인 힘을 약한 자들은 외부로 발산할 수 없었다. 연약한 인간들은 자신들의 공격적인 충동을 외부로 발산할 용기가 없기에 자신의 내부로 그것을 향하게 된다. 이것은 약한 자들이 자기 자신을 감시하고 자기 자신에게 형벌을 가하는 양심을 만들어내어 자신을 공격하고 학대하는 방식으로 이루어진다.

이에 따라서 연약한 인간의 내면 세계는 자신을 감시하는 양심과 감시당하는 본능과 욕망으로의 자기 분열이 일어나고, 연약한 인간은 자신의 양심을 통해서 자신의 본능과 욕망을 억누르고 학대하는 잔인함에서 쾌감을 느끼게 된다. 니체는 인간에게는 다른 인간의 고통을 보면서 쾌감을 느끼는 잔인함이 존재한다고 보고 있다. 그런데 이러한 잔인함은 유약하고 도덕적인 인간에게서는 양심의 가책이라는 자기 자신에 대한 잔인한 학대와 그러한 학대를 스스로 즐기는 방식으로 나타난다는 것이다.

양심적인 자들이 양심의 가책으로 인해 더 괴로워한다

"양심적인 사람들의 악용 ▸▸ 참회를 권하는 설교와 지옥에 대한 불안에 짓눌려서 가공할 정도로 괴로워해야만 했던 자들은 양심이 없는 자들이 아니라 양심적인 자들이었다. 이는 특히 양심적인 자들이 공상이 풍부한 자들이었을 경우에 더욱 그랬다. 따라서 자신의 회복과 치유를 위해서만이 아니라 인류가 그들로 인해 기뻐할 수 있고 그들의 아름다움으로부터 빛을 자신 안에 받아들이기 위해서, 밝음과 우아한 모습을 필요로 했던 바로 그 사람들에게 인생은 가장 음울한 것이 되었다. 오, 죄를 고안해낸 저 종교로부터 얼마나 많은 불필요한 잔혹과 동물 학대가 생겼던 것인지! 그리고 그 종교를 통해서 자신의 힘을 최고로 향유하려고 했던 인간들로부터도!"(『아침놀』)

[해설]

양심의 가책으로 괴로워하는 자들은 보통은 부도덕한

자들이 아니라 사실은 가장 도덕적인 인간들이었다. 사실상 도덕적이고 양심적인 인간일수록 자신이 선한 인간이라고 자부하지 않는다. 이들은 오히려 자신들이 절대적인 선의 기준에 비추어 한없이 부족하다는 것에 대해서 자책하고 자학한다. 오히려 후안무치하고 부도덕한 인간들일수록 자신이 선하다고 떠벌린다.

키에르케고르와 같은 사람은 사람들의 삶의 방식을 감각적인 실존, 윤리적 실존, 종교적 실존으로 나누었지만, 감각적인 실존의 전형인 카사노바나 돈 주앙 같은 부도덕한 사람들은 양심의 가책으로 괴로워하지 않았다. 이들은 도덕 자체를 무시하고 자신의 삶의 기준으로 받아들이지 않았기 때문이다. 이들에게 삶의 기준이 되었던 것은 오직 쾌락과 즐거움 그리고 아름다움뿐이었다. 이들에게는 어떤 여인이 악하고 선하고는 문제가 되지 않으며 얼마나 아름답고 성적인 매력이 있는지가 중요했을 뿐이다.

윤리적인 실존을 택한 인간들만이 도덕적인 선의 구현을 자신의 삶의 기준으로 삼지만, 이들은 이러한 도덕적인 선의 기준에 자신이 항상 미치지 못하는 것에 대해서 절망한다. 대부분의 사람들은 이러한 절망에서 벗어나기 위해서 도덕적인 선의 기준을 낮추면서 자신이 외적인 행동의 차원에서 크게 부도덕한 짓을 하지 않았기 때문에 자신은 선한 존재라고 자위한다. 이에 대해서 진정으로 선한 인간들은 자신이 도덕적인 선의 기준에 미치지 못하는 것에 대해서 절망하는 것이다.

키에르케고르는 이렇게 진정으로 도덕적인 인간들이 절망에서 벗어나는 길은 신과 그리스도교에 귀의하는 것이라고 보았지만, 니체는 이러한 도덕적인 인간들이 신봉하는 도덕 관념 자체가 병적인 그리스도교에 의해서 왜곡되어 있는 것이라고 본다. 인간이 추구해야 하는 것은 자신의 건강한 힘을 육성하는 것이지 순수한 도덕 그 자체를 위해서 자신을 희생하는 것이 아니라는 것이다.

니체는, 인간들의 자연스런 정념을 근절하려고 하고 모든 이기심을 버리고 타인을 위한 희생만을 요구하는 그리스도교적인 도덕 관념이 진정으로 순수한 마음을 소유하고 있고 진정으로 이상적인 인간이 되기 위해서 노력하는 진지한 인간들을 우울하고 병적인 인간으로 만들고 있다고 보았다. 이렇게 진지하고 성실하게 자신을 극복하려는 인간들이야말로 그리스도교적인 도덕 관념과 죄의식에서 벗어나 올바른 가치관을 가질 경우에는 자신들의 밝고 우아한 모습을 통해서 인류에게 기쁨을 줄 수 있었을 것이라고 니체는 말하고 있다.

금욕주의는 전염병이다

“병든 자들은 건강한 자에게 가장 커다란 위험을 나타낸다. 강한 자들에게 재난을 불러일으키는 것은 가장 강한 자들이 아니라 가장 약한 자들인 것이다. [⋯]

악인도 ‘맹수’도 인간에게 가장 크게 위험이 되는 것은 아니다. 처음부터 실패를 맛본 자, 유린된 자, 좌절된 자—가장 약한 자인 그들이야말로 인간 속에서 삶을 갉아 먹어야만 하는 자며, 가장 위험하게 삶과 인간과 우리들 자신에 대한 우리들의 믿음을 의심과 독물 속에 집어넣는 자다.”(『도덕의 계보』)

[해설]

니체는 금욕주의라는 병이 전염성을 가지고 있다고 본다. 이런 의미에서 니체는 병든 자들은 건강한 자들에게 가장 커다란 위험이라고 말하고 있다. 금욕주의는 병들고 연약한 자들에게서 비롯되는 것이지만 강한 자들까지도 병들고 연약하게 만든다는 것이다. 따라서 니체는 강한 자들에게 재앙을 초래하는 것은 가장 강한 자들이 아니라 가장 약한 자들이라고 말한다. 악인도 맹수도 인간에게 가장 큰 위험이 되지 못하며 삶에 실패하고 좌절한 약한 자들이야말로 삶과 인간 자신에 대한 우리의 믿음에 의심과 독을 집어넣는다는 것이다.

금욕주의자는 영혼과 육체가 행복하고 건강한 자들로 하여금 자신들의 행복과 건강을 수치스런 죄로 여기게 만들려고 한다. 금욕주의는 인간과 삶에 대한 혐오를 고취시킨다. 이에 대해서 니체는 우리가 고취시킬 필요가 있는 것은 인간에 대한 두려움이라고 한다. 카이사르나 나폴레옹 같은 사람 앞에 서 있으면 우리는 두려움을 느끼게 될 것이다. 그러나 이러한 두려움은 우리로 하여금 그들을 본받고 우리 자신을 강화하고 단련하도록 자극할 수 있다. 이런 의미에서 니체는 강하고 위대한 인간에 대한 두려움은 인간을 더욱 강하고 건강하게 만든다고 말하고 있다. 이에 반해 인간과 삶에 대한 혐오는 인간 자신과 삶을 보잘것없는 것으로 보게 하고 스스로 고양하도록 자극하는 것이 아니라 스스로 학대하도록 부추긴다.

유럽은 정신병원이다

"멀리 떨어진 별에서 읽어보라. 그러면 아마도 이 지구상의 우리들은 이렇게 결론을 내리게 될 것이다. 즉, 지구는 분명히 금욕주의적 혹성이며 그들 자신에 대하여, 모든 삶에 대하여 지극한 메스꺼움으로 가득 찬, 고통을 끼치는 것을 즐거움으로 알면서 — 아마도 이것이 그들의 유일한 즐거움이리라 — 가능한 한 그들 자신에게 많은 고통을 끼치는, 불만에 차고 거만하고 화를 잘 내는 동물들의 피난처일 것이라고."(『도덕의 계보』)

"냄새를 맡기 위한 코를 가지고 있을 뿐 아니라 눈과 귀를 가지고 있는 사람은 그가 오늘날에도 들어가는 곳이면 거의 어디서나 정신병원이나 병원의 공기를 느끼게 된다 — 내가 말하고 있는 것은 당연히 인간의 문화권이나 바로 지상에 존재하는 모든 종류의 '유럽'에 관한 것이다. 인간의 가장 커다란 위험은 병자다. 악인이나 맹수가 아니다. 처음부터 실패자, 패배자, 좌절자 — 가장 약한 자들인 이들은 대부분 인간 삶의 토대를 허물어버리고, 삶이나 인간이나 우리 자신에 대한 우리의 신뢰에 가장 위험하게 독을 타서 그것을 의심하게 만드는 자들이다."(『도덕의 계보』)

[해설]

니체는 죄책감과 양심의 가책 등을 통해서 서양인들은 길들여지고 연약해졌으며 용기를 잃고 섬약해졌다고 말하고 있다. 그리고 그는 이러한 길들임은 인간에게 큰 손상을 입혔다고 보고 있다. 니체는 속죄나 고행은 인류에게 많은 부정적인 결과를 초래했다고 보고 있다. 무서운 간질병이나 사람들이 끝도 없이 춤을 추는 무도병(舞蹈病), 무서운 마비 증세와 만성 우울증, 죽음을 열망하는 집단적인 증후군 등이 금욕주의의 결과라는 것이다. 니체는 인간의 고통을 죄의 결과로 보고 양심의 가책을 강요하는 현상만큼 유럽인의 건강과 인종적인 힘에 파괴적인 영향을 미친 것은 없다고 본다. '유럽은 거대한 정신병원이다' — 이것이 당시의 유럽에 대해서 내린 니체의 진단이다.

제1장

병든 인간의 생리학

[2]병적인 감정의 해부

격렬한 사랑

“사랑의 낭비에 대해서 ▸▸ 우리가 자신이 격렬한 증오에 빠져 있다는 사실을 깨닫게 되면 얼굴이 [부끄러움으로] 빨개지지 않을까? 그러나 우리는 격렬한 애정의 경우에도 그것이 포함하고 있는 부당함 때문에 얼굴이 빨개져야 할 것이다! 아니 더 나아가 어떤 사람들은 어떤 사람이 다른 사람들에 대한 얼마간의 애착을 철회하는 식으로만 그들에게 애착을 보여줄 경우에 가슴이 답답하게 조여드는 것처럼 느낀다. 즉, 우리는 우리가 선택되고 우대되고 있다는 소리를 들을 경우 그렇게 가슴이 답답해지는 느낌을 갖게 되는 것이다! 아, 나는 이러한 선택에 대해서 감사의 염을 갖고 있지 않다. 나는 나를 그렇게 특별 취급하려는 사람에 대해서 내 마음속에 불만이 있다는 사실을 깨닫는다. 그는 다른 사람들을 희생하면서 나를 사랑해서는 안 된다! 나는 내가 내 자신의 힘으로 나 자신을 견뎌내는지를 보고 싶다! 그리고 자주 나는 충만한 가슴을 가지고 있고 오만하게 될 근거를 가지고 있다. 그런 것을 가지고 있는 사람에게는, 다른 사람들이 무섭게 필요로 하는 것[어떤 사람이 다른 사람들을 희생하면서 자신에게 사랑을 주는 것]을 절대로 제공해서는 안 된다!”(『아침놀』)

[해설]

니체는 격렬한 증오든 격렬한 애정이든 균형과 절도를 상실한 것으로 본다. 우리는 격렬한 증오 못지않게 격렬한 애정도 경계해야 한다. 격렬한 증오와 마찬가지로 격렬한 애정도 애정의 대상에 대한 왜곡된 판단에 입각해 있다. 아울러 니체는 자신이 특별한 총애를 받는다는 것을 견딜 수 없다고 본다. 그는 그러한 총애를 필요로 하지 않는 독립적인 인간이 되고 싶은 것이다. 사람들에게는 무리들 중에서 자신이 특별히 총애를 받을 것을 기대하는 경향이 있지만, 니체는 그런 것을 부끄럽게 여겨야 한다고 보는 것이다.

증 오

“증오를 품지 말고▸▸ 그대는 그대의 정열을 떠나려고 하는가? 그러나 그것에 대한 증오를 품지 말고 그렇게 하라! 그렇지 않으면 그대는 제2의 정열을 갖게 되는 것이다. 죄로부터 자신을 자유롭게 만든 그리스도 교인들은 보통 나중에 죄에 대한 증오를 통해서 파멸을 맞게 된다. 위대한 그리스도 교인들의 얼굴을 보라! 그것은 커다란 증오를 지닌 자들의 얼굴이다.”(『아침놀』)

[해설]

우리가 어떤 정념에서 벗어나려고 하려면 우리는 그것을 증오해서는 안 된다. 증오란 또 하나의 격렬한 정념이며 그것이야말로 우리가 극복해야 할 정념이다. 그리스도 교인들은 죄를 증오하지만 자신들의 이러한 증오는 증오하지 못한다. 따라서 니체는 그리스도 교인들의 얼굴은 증오에 찬 얼굴이라고 보는 것이다. 우리는 우리가 만만히

보는 것에 대해서는 증오하지 않고 그것을 가볍게 웃어넘긴다. 우리가 두려워하고 극복하지 못하는 것만을 우리는 증오하는 것이다. 이렇게 보면 죄에 대한 증오 역시 우리가 넘어서야 할 정념이다.

적개심

"최악의 적은 어디에 있는가?▸▸ 자신의 대의를 훌륭하게 추진할 수 있고 그러한 사실을 의식하고 있는 사람은 자신의 적대자들에 대해서 대체로 화해적인 기분을 가지고 있다. 그러나 자신의 대의가 좋은 대의라고 믿지만 그것을 수호하는 데 자신이 능숙하지 않다는 사실을 알면 사람들은 자신의 대의에 대한 적대자에 대해서 원한과 화해할 수 없는 증오를 품게 된다. 모든 사람은 이에 따라 자신의 최악의 적을 어디에서 찾을 수 있는지 헤아려보는 것이 좋다."(『아침놀』)

"적의 의견▸▸ 가장 영리한 두뇌라도 얼마나 치밀한지 혹은 얼마나 허약한지를 측정하기 위해서는 그것들이 적의 의견을 어떻게 파악하고 재현하는지를 주의해야만 한다. 이 경우 모든 지성의 타고난 정도가 노출된다. 완전한 현인은 자신도 모르게 적을 이상적으로 만들고 적의 모순을 모든 오점과 우연으로부터 벗어나게 한다. 이를 통해서 그의 적이 빛을 발하는 무기를 가진 신이 되었을 경우에야 비로소 적과 싸우는 것이다."(『아침놀』)

"적을 향해서 나아갈 때▸▸ 우리가 적을 향해서 행진할 때 조악한 음악과 조악한 근거들이 얼마나 훌륭한 것으로 들리는지!"(『아침놀』)

[해설]

우리는 보통 논쟁할 때 상대방의 주장을 취약한 논거를 갖는 것으로 약화시킨 후에 그 주장을 논파하려고 하는 경우가 많다. 이러한 경우에는 우리가 상대방을 압도하더라도 상대방은 억울하다고 느낄 것이며 자신의 패배를 인정하지 않을 것이다. 이 경우에 논쟁은 서로를 고양하고 서로 간에 우정과 존경심을 낳는 것이 아니라 서로를 끌어내리고 서로 간에 적대심을 낳는 것이 된다.

우리는 논쟁할 경우에 상대방의 주장을 좀더 강력한 논거를 갖는 주장으로 만든 후에 상대방과 논쟁해야만 한다. 즉, 우리는 자신의 논적을 '빛을 발하는 무기를 가진 신으로 만든 후에' 그와 논쟁을 해야 하는 것이다. 그 경우에만 논쟁은 서로 무엇인가를 배울 수 있는 생산적인 것이 되고 서로를 고양시키고 서로에 대해서 존경심을 낳는 것이 될 수 있다. 이 경우 논쟁은 상대방을 무슨 수단을 써서라도 압도하려는 증오의 투쟁이 아니라 서로가 서로를 고양시키는 '사랑의 투쟁'이 된다.

그런데 우리가 상대방의 주장을 가능한 한 형편없는 주장으로 깎아내리려고 하고 상대방에 대해서 증오심과 적개심을 느낄 때는 어떤 때인가? 그것은 우리가 상대방에 의해서 논파될까봐 두려워할 때다. 이 경우에 우리는 상대방을 두려워할 필요가 없을 정도로 자신의 주장을 강화시키든지 아니면 상대방으로부터 무엇인가를 배우려고 해야 할 것이다.

비겁함과 복수욕

"겁 많은 자들 ▸▸ 서투르고 겁 많은 사람들이야말로 살인자가 되기 쉽다. 그들은 작은 목적에 부합되는 방어나 복수를 이해하지 못한다. 재기와 침착함을 결여하고 있기 때문에 그들의 복수는 절멸시키는 것 이외의 출구를 알지 못한다."(『아침놀』)

[해설]

우리가 우리의 적을 두려워할 때 우리는 상대방을 절멸시키고 싶어한다. 많은 사람들이 그것을 용기라고 생각하지만 사실은 그런 행위야말로 상대방에 대한 두려움과 그 상대방을 자신의 뜻대로 제어할 수 없는 무능력에서 비롯된 과잉 방어다.

허영심

"허영심이 강한 자들 ▸▸ 우리는 진열 가게와 같은 것이다. 거기에서 우리는 타인들이 우리에게 귀속시키는 외관상의 특징들을 끊임없이 정돈하거나 숨기거나 드러낸다. 우리 자신을 속이기 위해서."(『아침놀』)

[해설]

우리는 흔히 우리 자신의 삶을 사는 것처럼 생각하지만 사실은 세상 사람들이 일반적으로 따르는 가치에 따라서 산다. 우리 자신이 사는 것이 아니라 사실은 우리 자신을 통해서 익명의 세상 사람이 사는 것이다. 우리는 세상 사람들이 좋은 책이라고 평가하는 책을 읽고, 세상 사람들이 분노하는 것에 대해서 분노한다. 이 모든 것이 타인들에게서 인정받고 싶어하는 허영심에서 비롯되지만, 이와 함께 진정한 자신의 삶은 망각되고 우리는 공허감에 빠지게 된다.

사치

"사치 ▸▸ 사치 성향은 사람들의 밑바닥에게까지 뿌리를 내리고 있다. 그것은 과잉과 무절제가 그의 영혼이 가장 즐겨 헤엄치는 물이라는 사실을 드러낸다."(『아침놀』)

"대변한다 ▸▸ 소박한 풍경은 위대한 풍경 화가들을 위해서 존재한다. 이에 대해서 주목할 만하고 희귀한 풍경은 시시한 풍경 화가들을 위해서 존재한다. 즉, 자연과 인간성의 위대한 것들은 그것들에 대한 숭배자들 중에서 시시하고 평범하며 야심적인 사람들을 대변하지만, 위대한 사람은 소박한 사물들을 대변한다."(『아침놀』)

[해설]

내적으로 공허하고 자신에 대해서 신뢰를 갖지 못하는

사람들은 외적인 장식을 통해서 자신의 빈약함을 숨기려고 한다. 이와 마찬가지로 우리가 주위에서 보는 소박한 사물들의 경이로움을 볼 줄 모르는 화가들이 희귀한 풍경을 통해서 자신의 무능력을 은폐하려고 한다.

선량한 복수로서의 감사

"더욱 다정하게 되는 것 ▸▸ 우리가 누군가를 사랑하고 존경하고 찬탄하고 있는데 나중에 그가 괴로워하고 있다는 것을 발견하게 될 경우, — 우리는 그에게서 우리에게 흘러오는 행복은 그 자신의 행복의 풍부한 샘에서 나온다고 생각할 수밖에 없었기 때문에 이러한 발견으로 인해 우리는 항상 크게 놀라게 되는데, — 사랑, 존경, 찬탄과 같은 우리의 감정은 본질적인 점에서 변화된다. 그것은 더욱 다정해진다. 즉, 그와 우리 사이의 간극에 다리가 놓인 것처럼 여겨지고 그와 우리가 동등하게 되는 것처럼 여겨진다. 그는 이전에는 그에 대한 우리의 감사하는 마음을 초월한 곳에 우리의 생각 속에서 숭고하게 살고 있었지만, 이제야 처음으로 그에게 되돌려줄 수 있다는 것이 가능한 것으로 여겨진다. 이렇게 되돌려줄 수 있다는 것은 우리에게 커다란 기쁨과 고양감을 일으킨다. 우리는 어떻게 하면 그의 고통을 완화시킬 수 있는지를 알아내려고 노력하고 그렇게 알아낸 것을 그에게 준다. 그가 위로의 말, 눈길, 주목, 봉사, 선물을 원할 경우 우리는 그것을 준다. 그러나 무엇보다도 우리가 그의 고통에 대해서 [함께] 괴로워하는 것을 그가 원한다면 우리는 우리가 괴로워하고 있다는 것을 보여준다. 그러나 이 모든 것에서 우리는 능동적으로 감사하는 마음을 표현하는 즐거움을 갖는다. 그러한 감사는 간단히 말해서 선량한 복수다. 그가 우리에게서 아무것도 바라지 않고 아무것도 받아들이지 않는다면 우리는 차갑게 되고 슬퍼하면서 마음에 상처를 입고 떠난다. 그것은 마치 우리의 감사가 거부된 것과 같다. 그리고 이렇게 명예가 손상된 경우에는 가장 선량한 인간조차도 예민하게 된다. 이 모든 것으로부터, 가장 잘된 경우에조차도 괴로워하는 것에는 무언가 품위를 떨어뜨리는 점이 있으며 동정에는 무언가 고양시키고 우월감을 주는 점이 있다는 사실을 추론할 수 있다. 이러한 사실이야말로 두 가지 감정들을 영원히 서로 분리시키는 것이다."(『아침놀』)

"감사를 거절한다 ▸▸ 사람들은 간청을 거절해도 되지만 감사를 물리쳐서는 절대로 안 된다(혹은 감사를 물리치는 것과 동일한 것이지만). 그것을 차갑고 형식적으로 받아들여서는 안 된다. 그것은 상대방에게 깊은 모욕감을 주는 것이다. 그런데 왜 그럴까?"(『아침놀』)

[해설]

다른 사람의 도움을 청할 때 도움을 청하는 사람은 상대방과의 관계에서 힘없는 사람이 된다. 그러나 그때 감사의 마음을 표현함으로써 관계가 역전된다. 이제 도움을 제공한 사람은 마치 음식을 나르는 식당의 종업원처럼 편의를 제공한 사람이 되고, 도움을 받는 사람이 힘을 갖게 된다. 따라서 감사를 표현하는 것은 가벼운 형태의 복수며 손상되었던 자존심을 회복하기 위한 몸짓이다. 따라서 상대방의 감사 표시를 거부하는 것은 상대방에게 상처를 주게 된다.

이와 관련하여 니체는 감사 못지않게 겸손이 힘을 얻기 위한 방책이 될 수도 있다고 말하고 있다. 니체는 루가 복음서의 '자신을 낮추는 사람은 높아질 것이다'라는 말을 '자신을 낮추는 사람은 높아지기를 원한다'로 패러디한다. 겸손은 다른 사람들의 우월함을 인정함으로써 그 사람에게 자신에 대한 좋은 인상을 각인시키려는 전략이 될 수 있다.

동 정

"도덕적 유행, 도덕적인 판단 전체가 얼마나 변했는지! 오늘날에는 타인을 위해 생각하고 타인을 위해 사는 것이 일상적으로 찬미되고 있지만, 예를 들어 에픽테토스♣같이 고대 윤리의 저 최대의 경이적인 인물들은 그러한 것을 찬미할 줄 몰랐다. 우리들은 우리 자신의 도덕적인 유행에 따라서 그들을 정녕 비도덕적이라고 부를 것임에 틀림없다. 왜냐하면 그들은 전력을 다해서 자신의 자아를 위해서 싸웠고 타인들(특히 그들의 고통과 도덕적인 연약함)에 대해 동정을 느끼는 것에 대해서 저항했기 때문이다. 아마 그들은 우리에게 이렇게 대답할 것이다. "만약 그대들이

♣ 에픽테토스(Epictetus : AD 55~135)는 이탈리아 로마 제정 시대의 스토아철학자다. 노예 신분의 절름발이였지만 스토아철학자인 무소니우스 루프스의 강연을 들으면서 철학자가 되었고 나중에 자유인이 되었다. 그는 우리가 자신이 할 수 있는 일과 자신이 획득할 수 있는 것에 욕망을 제한하는 것이야말로 현명한 삶이라고 보았다. 자연적인 현실과 사회적인 현실은 내가 마음대로 할 수 없지만 나의 욕망이나 생각은 마음대로 할 수 있다. 따라서 우리는 자신의 욕망과 생각을 통제함으로써, 자신의 힘과 능력을 넘어서는 것은 원하지 않고 자신의 현재의 상태에 만족할 수 있다. 예를 들자면, 우리가 다른 사람으로부터 모욕을 당했다고 하더라도 그 사람의 모욕에 무게를 두지 않고 무시해버린다면 우리는 괴롭지 않을 것이다. 이런 맥락에서 그는 다음과 같은 유명한 말을 남겼다. "그대가 원하는 대로 사건들이 일어나기를 요구하지 말고, 그것들이 있는 그대로 생겨나도록 원해야 한다. 그렇게 하면 그대의 삶이 행복해질 것이다."

그대들 자신에게 그렇게 지겹거나 추한 대상이라면 그대들 자신보다 다른 사람들을 더 생각하라! 그대들은 그렇게 하는 것이 좋다!"(『아침놀』)

"왜 '자아'를 이중으로 하는가! ►► 우리 자신의 체험을 그것이 타인의 체험일 경우 우리가 그것을 바라보는 눈으로 바라보는 것, 이것은 우리의 마음을 매우 편안하게 한다. 그것은 권장할 만한 하나의 약이다. 이에 대해서 동정의 철학이 요구하는 것처럼 타인들의 체험을 그것이 흡사 자신의 것인 것처럼 보고 받아들이는 것은 우리를 파멸로 이끌 것이다. 그것도 극히 짧은 시간에 말이다. 그렇지만 그것을 한번 시험해보고 그것에 상상을 덧붙이지 말라! 그 외에 저 제1의 원칙은 이성과 합리성에의 선한 의지에 보다 적합하다. 왜냐하면 우리는 어떤 사건의 가치와 의미에 대해서, 예를 들면 사망, 금전적 손실, 중상(中傷)의 가치에 대해서 그것이 우리에게가 아니라 다른 사람에게 일어날 때 더 객관적으로 판단하기 때문이다. 이에 반해 행위의 원리로서의 동정은 '타인 자신이 괴로워하는 그대로 타인이 겪고 있는 재난을 괴로워하라'는 요구와 함께 다음과 같은 사태를 수반하게 될 것이다. 즉, 자아의 관점은 과장되고 무분별하게 타인, 즉 동정하는 자의 관점도 되어야만 하고, 이와 함께 우리는 우리의 자아와 타인의 자아 때문에 동시에 괴로워해야만 하며, 우리 자신의 무거운 짐을 가능한 한 적게 하는 대신에 우리 자신에게 자발적으로 이

중적인 불합리의 짐을 지우게 될 것이다."(『아침놀』)

"타인의 비탄에 귀를 막는 것 ▸▸ 타인의 비탄과 괴로움 때문에 우리가 음울한 기분이 되고 우리 자신의 하늘을 구름으로 덮는다면 누가 이러한 음울함의 결과를 견뎌야 하는가? 바로 역시 그 타인들이다. 더구나 그들이 지고 있는 모든 짐에 덧붙여서! 우리가 그들의 비탄의 메아리가 되고 싶어하고 그뿐 아니라 항상 그들의 비탄에 대해서만 귀를 기울일 경우에조차 우리는 그들에게 도움이 될 수 없으며 원기를 줄 수도 없다. 우리가 올림포스 신들의 기술을 배워서 사람들의 불행에 의해서 불행해지지 않고 오히려 우리들 자신을 고양시키는 것이 아니라면 말이다. 그러나 이것은 우리에게는 약간 지나치게 올림포스적이다. 우리가 비극을 즐기는 것에 의해서 이러한 이상적인 신들의 잔인함을 향해서 한 걸음 더 나아갔다고 할지라도."(『아침놀』)

"이웃의 불행을 보고 '고무되는 것' ▸▸ 그는 불행에 처해 있다. 이제 '동정하는 자들'이 찾아와서 그에게 그의 불행을 자세하게 묘사한다. 마침내 그들은 만족에 차서 고무되어 떠난다. 그들은 자신의 곤경과 마찬가지로 불행한 자의 곤경을 즐기며, 좋은 오후를 보낸 것이다."(『아침놀』)

"쇼펜하우어의 '동정'은 나의 삶에서 지금까지 항상 커다란 어려움을 야기했습니다. […] 이것은 위대한 그리스인이라면 모두 비웃을 허약함을 의미할 뿐 아니라 심각한 실천적 위험을 뜻하기도 합니다. 사람은 자신이 생각하는 인간의 이상을 실천해야 합니다. 사람은 자신의 이상에 따라 자신의 주변 인물에게 자기와 같이 가도록 강요하거나 제압해야 합니다. 즉, 창조적으로 영향력을 행사해야 합니다. 그렇게 하기 위해서는 자신의 동정을 억제하고 우리의 이상과는 다르게 행동하는 사람을 적으로 생각해야 합니다. 당신은 내가 너무 당연한 것을 말한다고 생각할지 모르겠군요. 하지만 내가 이러한 '지혜'에 이르기까지 나는 거의 내 생애를 희생해야 했습니다."(「니체가 마이젠부크에게 1883년 7월에 쓴 편지」)

[해설]

쇼펜하우어는 자신의 생존을 위해서 남을 침해하고 지배하려는 욕망을 세상의 모든 고통의 원인으로 보았다. 그리고 그는 동정과 연민을 우리의 탐욕과 이기주의를 극복할 수 있는 가장 좋은 방법으로 보았다. 이에 반해서 니체는 동정과 연민도 다른 사람들을 지배하려는 의지가 표현되는 한 방식으로 본다. 니체는, 동정하는 사람도 동정을 베풂으로써 자신이 동정하는 사람보다 우월한 지위에 있다는 것을 확인하려고 하며, 이에 대해서 동정을 받는 사람도 자신이 다른 사람들의 동정을 불러일으킬 수 있는 힘이 있음을 보여주려고 한다고 보았다.

양자 모두 실제로는 힘을 갈구하고 있으며, 그들 사이에 다른 점이 있다면 서로 다른 무기를 사용해 힘을 얻고자 한다는 것뿐이다. 예를 들면 힘 있는 자들은 상대적으로 감사를 높이 평가하는데 그것을 통해 자신들이 힘없는 자들의 노예라는 암시를 방지할 수 있기 때문이다. 비슷한 이유에서 힘없는 자들은 상대적으로 동정을 높이 평가한다. 왜냐하면 특별히 다른 힘을 갖고 있지는 않지만 동정심을 유발해서 힘 있는 자들을 최소한 고통 받게 할 수는 있기 때문이다. 아울러 니체는, 동정은 타인의 고통을 자신의 고통으로 느끼면서 이 세상의 고통을 이중으로 늘린다고 말하고 있다.

그렇다고 해서 니체가 다른 사람들에게 도움을 주는 것 자체를 부정하는 것은 아니다. 오히려 니체는 상대방이 스스로 설 수 있도록 도울 것과, 상대방을 도와준다는 의식 없이 도와줄 것을 요구한다. 상대방을 도와준다고 우리가 의식할 경우 거기에는 벌써 상대방에 대한 우월 의식이 개재되어 있기 때문이다. 태양이 만물에게 빛을 준다는 의식 없이 자신의 넘치는 빛을 방출하듯이, 우리도 자신의 넘치는 힘을 타인들에게 흐르게 해야 한다.♣

♣ Ⅲ. 건강한 인간을 찾아서, '기품 있는 인간'의 두 번째 잠언을 참고할 것.

이웃 사랑의 정체

"우울증과 싸울 때의 좀더 귀중한 수단은 쉽게 접근할 수 있고 일상적이 될 수 있는 작은 즐거움이라는 처방이다. […] 즐거움이 치료제로 처방되는 가장 흔한 형태는 사람들을 즐겁게 하는 (선행하고, 베풀고, 안심시키고, 도와주고, 설득하고, 위로해주고, 칭찬하고, 대우해주는 것) 즐거움이다. 금욕적 사제는 이웃 사랑을 처방함으로써, 비록 가장 신중한 조제 분량이지만, 근본적으로 가장 강력하고 가장 삶을 긍정하는 충동의 자극, 즉 힘에의 의지의 자극을 처방하는 것이다."(『도덕의 계보』)

[해설]

니체는 우리가 이웃에게 베푸는 친절이나 위로 등은 사실은 우리가 현실에서 느끼는 고통과 불쾌감을 극복하면서 자신의 힘을 느끼는 수단일 수 있다고 말하고 있다. 우리는 이웃 사랑과 친절이라는 고상한 외투 아래 은근히 자신의 힘을 느낌으로써 현실에서 경험하는 고통과 불쾌감에서 벗어나려고 한다. 선을 행하고, 친절을 베풀고, 도와주고, 격려해주고, 걱정해주고, 위로해주고, 칭찬해주고, 보답해주는 방식으로 이웃에 대한 사랑을 행하는 것은 우리에게 상대방에 대한 조그마한 우월감과 그렇게 도움을 줄 수 있는 자신에 대한 자부심을 제공한다.

우리가 병이 들었을 때 우리는 주변에서 걱정해주는 말을 듣게 된다. 이 경우 종종 우리는 걱정해주는 것 같은 사람들에게서 그 사람들이 나에 대해서 어떤 우월감을 느끼고 있는 것 같은 느낌을 받고서 기분이 나빠질 때가 있다. '너는 병들어 있지만 나는 그렇지 않다'는 식의 우월감 말이다. 우리는 이런 것을 종종 느끼기 때문에 어쩌다가 만난 사람이 '얼굴이 너무 안 좋네요. 어디 아프세요?'라는 식의 말을 하면 그 사람이 진정으로 나를 걱정해준다고 여기지 않고 오히려 불쾌한 기분을 갖게 된다.

겸손과 그리스도교 신앙

"모든 겸손의 한계 ▸▸ 불합리하기 때문에 그것을 믿는다고 말하면서 자신의 이성을 희생시키는 겸손은 이미 많은 사람들이 실현했을 것이다. 그러나 내가 아는 한, 그러한 겸손으로부터 한 걸음 정도만 떨어져 있고, 자신이 불합리하기 때문에 그것을 믿는다고 말하는 저 겸손까지 실현한 사람은 없다."(『아침놀』)

[해설]

그리스도 교인들은 그리스도교가 불합리하기 때문에 믿는다고 말한다. 이 말은 겸손한 말인 것 같지만 사실은, 이성에 의존하는 일반 사람들에 대한 우월 의식을 담고 있는 말이다. 그 말을 하는 그리스도 교인들은 자신들이야말로, 일반 사람들이 이성으로 헤아릴 수 없는 진리를 알고 있다고 생각하는 것이다. 그러나 니체는 이들 그리스도 교인들이 자신의 이성을 적절히 활용할 수 없을 정도로 불합리해졌기 때문에 그리스도교를 믿는다고 본다. 그러나 그리스도 교인들도 남들보다 우월해지고 싶어하는 욕망을 갖고 있기 때문에 이들은 솔직하게 사태를 볼 수 없으며 아니 보려고 하지 않는다. 그리스도교의 겸손에는 사실은 오만이 숨겨져 있다는 것이다.

도 취

"도취에 대한 믿음 ►► 숭고하고 황홀한 순간을 맛보는 인간들은 그 대가로 그리고 그들의 신경을 소모적으로 낭비하기 때문에 일상적으로는 비참하고 무력한 기분에 사로잡혀 있다. 그러나 그들은 저 순간을 본래의 자기, 즉 '자신'으로 간주하고, 저 비참한 느낌과 무력감을 '자기 외부'에서 비롯된 것으로 간주한다. 따라서 그들은 자신의 환경, 자신의 시대, 자신이 처해 있는 세계 전체에 대한 복수심에 불탄다. 도취는 그들에게는 참된 생명이고 본래의 자기로 간주된다. 그 외의 모든 것에서 그들은 도취의 적과 방해자를 본다. 그 도취가 정신적인 성질의 것이든, 도덕적, 종교적, 예술적인 성질의 것이든 말이다. 이들 열광적인 술고래들은 인류에게 많은 해악을 끼쳤다. 왜냐하면 그들은 지치지도 않고 자신과 이웃들에 대한 불만, 시대와 세계에 대한 경멸, 특히 염세(厭世)라는 잡초의 씨를 뿌리는 자들이기 때문이다. 범죄자들로 가득 찬 지옥 전체도 저 고상한 작은 공동체, 즉 무절제한 인간들, 공상가들, 반쯤 미친 자들, 자신을 지배하지 못하고 자신을 완전히 상실할 때에야 비로소 쾌감을 맛보는 천재들로 이루어진 저 공동체처럼 억압적이며 땅도 하늘도 망치는 무시무시한 영향을 끼칠 수는 없을 것이다. […] 야만인들이 현재 '화주(火酒)'를 통해서 급속하게 타락하고 멸망하고 있는 것처럼, 인류 대부분은 도취하게 하는 정신적인 화주와 그것에 대한 욕망을 강하게 존속시켜 왔던 자들을 통해서 서서히 그리고 철저하게 타락하게 되었다. 아마 인류는 그것 때문에 몰락하게 될 것이다."(『아침놀』)

"병자와 예술 ►► 모든 종류의 비애와 영혼의 비참한 상태를 극복하기 위해서 시도되어야 하는 일은 우선 식단을 바꾸고 육체적으로 고된 일을 하는 것이다. 그러나 이 경우에[영혼이 비참하고 비애에 빠졌을 경우에] 사람들은 도취시키는 것들에 손을 뻗치기 쉽다. 예를 들면, 예술에. 그러나 이것은 그들에게나 예술에게나 화가 된다! 그대들이 병자로서 예술을 열망할 경우에는 예술가를 병들게 한다는 사실을 그대들은 알지 못하는가?"(『아침놀』)

"환상을 볼 수 있는 능력 ►► 중세 전체를 통해서 최고의 인간들의 본래적이고 결정적인 특징으로 여겨졌던 것은 환상을 볼 수 있다는 것, 즉 심한 정신적인 장애를 가질 수 있다는 것이었다. 그리고 중세의 모든 고급의 인물들(종교인들)을 규제했던 삶의 규정들은 근본적으로, 인간이 환상을 볼 수 있게 만드는 것을 목표하고 있다! 우리 시대에 들어와서도 아직, 정신이 반쯤 착란되었고 공상적이고 광신적인 인물들, 이른바 천재적인 인물들에 대한 과대평가가 범람하고 있는 것은 이상한 일이 아니다. '그들은 다른 사람들이 보지 못하는 것을 보았다.' 이는 확실하다! 그러나 이는 그들에 대해서 우리를 조심하게 만드는 것이지 그들을 믿게 만드는 것은 아니다!"(『아침놀』)

[해설]

니체는 처녀작인 『비극의 탄생』에서만 해도 예술에서의 도취를 세계의 참된 실재와 하나가 되게 하는 것으로 높이 평가하고 있다. 그러나 니체는 후기로 오면서 이러한 도취에서 일종의 현실 도피와 염세주의의 냄새를 맡게 된다. 예술적인 도취든 종교적인 도취든, 알코올이나 마약에 의한 도취와 마찬가지로 현실을 자신의 정신력으로 버텨내지 못하는 병약한 자들이 의존하는 것들이다. 그러나 이들은 자신들이 경험하는 도취가 바로 실재이고 현실은 가상이고 실재의 그림자일 뿐이라고 주장한다.

후 회

"후회 ▸▸ 결코 후회에게 자리를 내주어서는 안 된다. 오히려 후회는 하나의 어리석음에 또 다른 어리석음을 더하는 것이라고 즉시 자신에게 말해야 한다. 만약 해로운 일을 했다면 앞으로는 좋은 일을 하겠다고 생각하라. 그리고 자신의 행위로 인해 처벌을 받게 될 경우에는 그것으로 자신이 이미 좋은 일을 하는 것이라고 생각하고 그 벌을 견뎌야 하리라. 즉, 그는 타인들에게 그와 똑같은 우행을 하지 않도록 경고하고 있기 때문이다. 형벌을 받는 모든 범죄자들은 자신을 인류의 은인으로 여겨도 좋다."(『인간적인 너무나 인간적인』)

[해설]

인간은 시간적인 존재다. 동물은 매순간에 매몰되어 있지만 인간은 미래를 걱정하고 과거에 대해서 회한을 품는다. 우리는 과거에 자신이 한 행위에 대해서 자신을 꾸짖고 후회한다. 후회는 인간이 과거의 과오를 되풀이하는 것을 막아주는 긍정적인 기능을 갖고 있다. 그리고 미래에 대한 걱정은 우리로 하여금 미래를 준비하게 하는 긍정적인 기능을 갖고 있다. 그러나 후회 자체가 이렇게 과거의 과오를 되풀이하지 않도록 하는 수단적인 의미를 넘어서 목적 그 자체가 될 경우도 있다. 후회가 후회를 위한 후회가 되고, 후회해보았자 쓸데없는 일에 계속 매달려서 자신을 자책하고 쥐어뜯는 경우가 있다. 이때 우리는 후회를 통해서 자신을 학대하고 그렇게 학대하는 데서 쾌감을 맛보고 있을지도 모른다. 이런 후회는 그 자체가 병적인 것이면서 사람을 병적으로 만들고 유약하게 만든다.

과거의 일은 더욱 반성하되 지속적인 후회로 자신을 갉아먹지는 말아야 한다. 후회를 위한 후회도, 니체가 양심의 가책과 관련하여 말하는 것처럼 자신의 능동적인 힘을 외부로 방출할 용기를 갖지 못한 인간이 그것을 자신의 내면으로 향해서 자신을 괴롭히는 데에 사용하고 있는 것이다. 후회 따위는 떨쳐버리고 이제부터라도 새롭게 시작하면 된다.

창백한 범죄자

[그들은] "어떤 행동을 했을 때 그 행위와 동등하다. 하지만 행위가 완료된 후 그것의 이미지를 지니지 못한다. 그리하여 언제나 자신을 한 가지 행위의 행위자로서만 파악하게 되는 것이다. […] 그들에게 예외는 본질이 된 것이다."(『차라투스트라는 이렇게 말했다』)

"우리의 적이나 우연, 심지어 우리의 잘못된 행위마저도 오랫동안 기억에 담아두지 못하는 것 — 이것이 강자의 증거다. 그들은 형성하고 치유하고 망각하는 힘이 넘치는 사람들이다."(『도덕의 계보』)

[해설]

우리는 과거의 의미가 완전히 결정된 것으로 생각하면

서 과거의 행위에 대해서 끊임없이 자책하고 후회할 수 있다. 이 경우 우리는 자기 자신을 자신이 범한 특정한 행위와 동일시한다. 그러나 우리는 그러한 행위 이상의 존재다. 자신이 가지고 있는 이러한 풍요로운 가능성을 망각하면서 자신을 과거의 그릇된 행위와 동일시하면서 자신을 자학하는 데 몰두하는 사람들을 니체는 『차라투스트라는 이렇게 말했다』에서는 '창백한 범죄자들'이라고 부른다. 니체는 이에 대해서 과거의 잘못에 시달리지 않고 현재와 미래를 위해서 과거에서 잊을 것은 과감하게 잊어버리고 수용할 것은 수용하는 사람을 강한 자라고 부른다.

제1장

병든 인간의 생리학

[3]근대적 인간의 병리학

근대 사회는 병든 사회다

"전례가 없는 미숙한 판단, 도처에서 볼 수 있는 즐거움에 대한 중독, 오락 만능주의, 예술에 종사하는 자들이 예술의 진지성을 빙자하면서 보여주는 지식인인 체하는 위선과 거짓 꾸밈과 기만, 돈에 대한 기업가들의 거리낌 없는 탐욕, 사회에 만연된 공허함과 무사려함, [···] 이 모든 것들이 현재 우리의 예술적 상황을 지배하고 있는 무감각하고 타락한 분위기를 조성하고 있다."(『반시대적 고찰』)

"사람들은 오직 현재만을 생각하는데, 그들이 당장 오늘과 내일만의 행복을 위해서 서두르는 것을 보면 마치 미래에는 더 큰 행복을 추구할 일이 결코 있을 수 없다고 생각하는 것처럼 보일 정도다. 즉, 그들은 모래에는 모든 것이 끝난다고 생각한다. 우리는 원자의 시대, 원자적 혼란의 시대에 살고 있다. 우리 인간을 동물적으로 만들고 경직된 기계로 만드는 이러한 원자적 혁명 속에 사는 우리 인간들에게 누가 다시 올바른 인간상을 제시할 수 있을까?"(『반시대적 고찰』)

"여기서 우리는 최근 세간에서 설해지고 있는 학설, 즉 국가가 인류의 최고 목표이고 국가를 위해 봉사하는 것보다 더 높은 의무는 없다는 학설의 귀결을 경험하고 있다. 그런데 이 학설에서 나는 고대이교(古代異教)로의 후퇴가 아니라 어리석음으로의 후퇴를 본다. 국가를 위한 봉사를 자신의 최고의 의무로 생각하는 사람은 정말 더 높은 의무를 알지 못할 수 있다. 그러한 의무의 저편에, 더 높은 차원의 남성들과 의무가 존재하는 것이다 — 내게는 적어도 국가를 위한 봉사보다 더 높다고 여겨지는 의무 중 하나는 모든 형태의 어리석음을 파괴하라고, 따라서 여기서 문제되고 있는 이 의무[국가를 위해 봉사한다는 의무]도 파괴하라고 촉구한다. 그 때문에 나는 여기서 국가의 번영보다 더 높은 목적을 갖는 종류의 남성들, 즉 철학자들을 다루고 있는 것이다. 더 나아가 나는 국가의 안녕과는 상당히 무관한 세계, 즉 문화와 관련해서만 철학자들을 다루고 있다. 서로 뒤엉킨 채로 인간의 공동체를 형성하는 많은 원환들 중에는 몇 개는 황금으로 되어 있고 그 밖의 것은 황동으로 되어 있다.

그러면 철학자는 우리 시대의 문화를 어떻게 보는가? 물론 자신들의 국가에 만족하고 있는 철학 교수들과는 매우 다르게 본다. 철학자가 사회 전반의 성급함과 증가하는 추락 속도, 모든 정관(靜觀)과 단순성의 소멸을 생각한다면, 그는 아마도 자신이 문화가 완전히 근절되는 징후를 보고 있다고 생각할 것이다. 종교의 홍수는 흘러가버리고,

자신의 뒤에 늪과 연못을 남긴다. 여러 국민들은 다시 서로 반목하면서 물어뜯지 못해서 안달이다. 학문은 절도도 없이 맹목적인 자유방임 속에 수행되면서, 확고하게 신봉되어 왔던 것들을 해체하고 있다. 교양 계급과 국가는 대단히 천박한 화폐 경제에 마음을 빼앗기고 있다. 세상이 이렇게 세속적이었던 적도 없었고 사랑과 선의가 이처럼 빈약했던 때도 없었다. 학자 계층은 세속화의 이 모든 동요와 불안 가운데에서 더 이상 등대도 피난처도 아니다. 그들 자신이 나날이 더욱 동요하고, 점점 더 사상도 사랑도 상실해간다. 현재의 예술과 학문을 포함해서 모든 것이, 지금 도래하고 있는 야만에 이바지하고 있다. 교양인은 교양의 최대의 적으로 변질되었다. 그는 [사회 전반을 지배하는] 이러한 일반적인 병이 없다고 거짓말하면서 의사를 방해하기 때문이다. 이들 쇠약하고 불쌍한 악한들은, 그들의 허약함에 대해서 말하고 그들의 해로운 거짓 정신에 대해서 말하는 사람이 있으면 격분한다. 그들은 자신들이 과거의 세기들에 대해서 승리를 거두었다고 믿게 하고 싶어서 견딜 수 없는 것이고, 따라서 일부러 즐거운 것처럼 움직이고 있다.

[…] 현대적 삶의 그림에서 선의 약함과 색의 무딤만을 강조하는 것은 비록 일면적일지라도 다른 측면 역시 그것보다 조금도 유쾌한 것은 아니며 도리어 사람들을 더 불안하게 할 뿐이다. 분명 거기에는 힘이, 즉 엄청난 힘이 있지만 그 힘은 거칠고 원시적이며 전적으로 무자비한 힘이다. 우리는 마녀의 부엌에서 부글대며 끓는 가마를 들여다보는 것처럼 불안스런 기대감으로 그 힘을 바라본다. 그것은

무시무시한 현상의 전조로서 지금이라도 우르릉대며 번개를 번쩍일지도 모른다. 백 년 전부터 우리는 완전히 밑바닥부터 흔들리는 것에 익숙해져 있다. 최근 들어서 붕괴하거나 폭발하려는 이 심각한 근대적 경향에 이른바 국민국가라는 근대적인 국가가 갖는 구성력으로 맞서려고 하지만, 장기적인 관점에서 보면 국민국가도 일반적인 불안과 위협을 증대시키는 하나의 요인일 뿐이다. 개개인이 이 모든 우려에 대해서 모른 척해도 우리는 현혹되지 않는다. 그들의 불안과 동요는 그들이 얼마나 그에 대해서 잘 알고 있는지 보여준다. 그들은 초조해하면서 자신만을 생각한다. 이제까지 어떠한 인간도 그렇게 초조해하면서 자신만을 생각한 적은 없었다. 그들은 오늘 하루만을 위해서 경작하고 심는다. 그리고 행복을 오늘과 내일 사이에서 꽉 붙잡아야 할 때는 행복의 사냥이 가장 치열하게 행해질 것이다. 왜냐하면 모래가 되면 아마 일반적으로 수렵기가 끝나버리기 때문이다. 우리는 원자의 시대, 원자론적인 혼돈의 시대에 살고 있다."(『반시대적 고찰』)

[해설]

니체는 1873년에서 1876년에 걸쳐 『반시대적 고찰』을 써서 당시의 퇴락한 문화적 풍토를 신랄하게 비판했다. 니체는 이 책에서 사람들의 삶을 건강하게 하는 데는 무관심한 채 역사나 문헌의 세부적인 사실들만을 파고드는 당시의 역사학이나 고전문헌학 그리고 사람들을 국가와 경제 메커니즘의 나사 부품으로 만드는 당시의 교육 제도를 통렬하게 비판했다.

니체의 이러한 비판을 보면 니체 당시나 지금이나 크게 변한 것이 없다는 생각이 든다. 아니 오히려 지금은 니체 때보다 사람들이 훨씬 더 물질주의적이고 타산적으로 변했고, 부를 얻기 위해서 기꺼이 국가와 경제 메커니즘의 유능한 부품이 되려고 열심히 노력하고 있다. 시중에서 가장 잘 팔리는 책은 돈을 버는 데 유용한 책이거나 재미있게 시간을 보낼 수 있게 해주는 책이다. 이에 대해서 우리의 정신을 살찌게 하고 깊이 있게 하는 책들은 외면당하고 있다. 니체의 철학이 지금 이 시대에도 여전히 의미를 갖고 있고 우리를 사로잡는 이유는 이렇게 니체가 비판하고 극복하려고 했던 당시의 시대적 폐단이 우리 시대에서 훨씬 악화된 형태로 나타나고 있기 때문이다.

소비주의

"내가 공격하는 것은, 전체의 소비가 점증하면서 전체의 복지도 마치 필연적으로 증진되는 것처럼 생각하는 저 경제적 낙관론이다. 나에게는 그 반대가 사실처럼 생각된다. 전체 소비의 총계는 완전한 손실이 된다. 인간은 왜소해진다."(『힘에의 의지』)

[해설]

근대인들은 소비의 증가를 행복의 증가로 생각하는 경향이 있다. 이에 따라서 정치가들도 그 나라의 경제 성장을 가장 중요한 것으로 본다. 그러나 니체가 보기에 인간이 소비를 증가시킨다는 것은 인간들이 자신의 내면에서 겪는 불만족과 공허함을 외적인 소비를 통해서 충족시키려는 것에 불과하다. 그것은 일종의 대용 만족에 불과한 것이다. 따라서 소비가 늘면 늘수록 인간의 내면은 더욱 공허해진다. 이런 맥락에서 니체는 전체 소비의 총계는 완전한 손실이라고 말하는 것이다. 사람들은 물질적으로는 옛날보다 훨씬 부유해졌지만 정신적으로는 가난해지고 왜소해졌다. 그러나 사람들은 이러한 현실에 대해서 회의하지 않고 오히려 안주한다.

사회 부속품으로서의 근대인

"오늘날 모든 사람들은, 사회가 개인들을 일반적인 요구에 부응하도록 적응시키려고 하고 있다는 말을 들을 때, 그리고 개인의 행복과 동시에 희생은 자신을 전체의 유용한 지체와 도구로 느끼는 데 있다는 말을 들을 때 만족해하는 것 같다."(『아침놀』)

"인격이 아니라 나사가 되는 대가로 하나의 값을 갖게 되다니! 그대들은 무엇보다 가능하면 많은 것을 생산하고 가능하면 부유해지려는 국민들이 현재 범하고 있는 어리석음의 공모자들인가? 오히려 그대들이 해야만 하는 것은 얼마나 많은 내면적인 가치가 그러한 외면적인 목표를 위해서 포기되는지에 대한 대차대조표를 그들에게 제시하는 일일 것이다. [⋯]

지금부터 유럽의 노동자들은 하나의 계급으로서의 자신들의 상태를 인간들이 참을 수 없는 것으로서 천명해야만 하며 그리고 보통 주장되는 것처럼 단지 가혹하고 불합리하게 조직된 것이라고 천명해서는 안 된다."(『아침놀』)

[해설]

건강한 삶에 대한 니체의 모색은 단순히 기존의 종교와 도덕을 비판하는 데 그치지 않고 자본주의 사회와 자본주의 사회를 지배하는 가치관을 비판하는 것으로 이어진다. 이러한 비판은 자본주의 사회에 대한 마르크스의 비판을 상기시킬 정도로 래디컬하다. 물론 니체는 사회주의 사상이란 노동자들을 독립적이고 강한 개인으로 만드는 것이 아니라 국가의 나사 부품으로 만드는 술책에 불과하다고 비판하고 있다는 점에서 마르크스와 분명하게 구별되지만 말이다. 니체는 자본주의 사회에서 노동자들은 기계의 나사가 되었고 인간의 발명물에 대한 보완물이 되었다고 비판하고 있다. 아울러 니체는 임금이 높아진다고 해서 노동자들이 처해 있는 이러한 노예 상태는 치유되지 않는다고 본다.

노동자뿐 아니라 대부분의 근대인들은 기꺼이 사회의 나사 부품이 된다. 사람들은 소비와 향락을 얻는 대가로 기꺼이 사회의 도구가 된다. 사람들은 기계처럼 열심히 일하고 밤에는 그 대가로 향락할 뿐이다. 사람들은 사회를 창조적으로 변화시키려 하지 않고 사회의 유용한 부품이 되기 위해서 사회에 적응하기에 바쁘다.

노동과 속도에 대한 숭배

"고된 노동을 사랑하고, 빠르고 새롭고 진기한 것을 추구하고 있는 당신들이여. 당신들은 모두 인내력이 부족한 자들이다. 당신들의 근면은 도피다. 자기를 망각하려고 하는 의지다."(『차라투스트라는 이렇게 말했다』)

"[…] 사람들은 그러한 노동 — 사람들은 이 말로 아침부터 밤늦게까지 행해지는 저 고된 노동을 의미하는데 — 을 보면서 그러한 노동이야말로 최고의 경찰이며, 그것은 모든 사람을 억제하고 이성, 열망, 독립욕의 발전을 강력하게 저지할 수 있다는 사실을 현재 깊이 느끼고 있다. 왜냐하면 노동은 극히 많은 신경의 힘을 소모하고 성찰, 고민, 몽상, 걱정, 애정, 증오를 위해서 쓰일 힘을 앗아가기 때문이다. 그것은 항상 작은 목표를 겨냥하고 손쉽고 규칙적인 만족을 가져다준다. 따라서 끊임없이 고된 노동이 행해지는 사회는 더 안전하게 될 것이다. 그리고 이 안전이 현재는 최고의 신성으로서 숭배되고 있다."(『아침놀』)

"기계적 활동이나 그에 속하는 활동 — 절대적 규칙성, 아무 생각 없이 하는 정확한 복종, 철저하게 고정된 생활 방식, 시간 이용, 어떤 허락, 즉 '비인격성'이나 자기 망각, 자기 무시를 받아들이는 훈련과 같은 것 — 금욕적 사제는 고통과 싸우며 이러한 것들을 얼마나 철저히 얼마나 미묘하게 이용할 줄 알았던가?"(『도덕의 계보』)

"매일 사용되어 닳아지는 사람들 ▸▸ 이 젊은이들에게는 인격도 재능도 근면함도 부족하지 않다. 그러나 사람들은 그들에게 자기 자신에게 방향을 부여할 수 있는 시간을 허용하지 않았고 오히려 어떤 방향을 [수동적으로] 받아들이도록 어린 시절부터 그들을 길들였다. 그들이 '사막으로 보내져도 좋을 정도로' 충분히 성숙하게 되었을 때는 그들은 약간 다르게 다루어졌다. 즉, 그들은 이용당했다. 그들은 자기 자신을 박탈당했고, 매일 사용되어 닳아지게 되도록 교육받았고 그것을 의무로 받아들이게 되었다. 이제 그들은 이렇게 매일 사용되어 닳아지지 않고서는 지낼 수 없게 되었고 그 이외의 다른 것을 바라지도 않는다. 다만 수레를 끄는 이 가련한 동물들에게 그들의 '휴가'를 주지 않는 것만은 허용되지 않는다. 사람들이 과도하게 노동하는 세기에서 한가함(Musse)이라는 이상은 '휴가'라고 불리는 바, 이 휴가 때 사람들은 한때나마 마음껏 게으름을 피우고 멍청하고 어린애처럼 굴어도 되는 것이다."(『아침놀』)

[해설]

니체는 자본주의 사회를 지배하고 있는 노동에 대한 찬미와 열광을 자신으로부터의 도피라고 비판하고 있다. 현대인들은 모두 분주하고 부지런하다. 그들은 아침부터 낮까지는 부지런히 노동하고 저녁에는 오락에 바쁘다. 니체는 이러한 노동에의 몰두를 현대인들이 현실에서 느끼는 고통이나 불만을 완화시키기 위해서 택하는 금욕주의적인 방법의 하나라고 보고 있다. 기계적인 활동에, 절대적인 규칙성과 꼼꼼하면서도 생각이 없는 복종 그리고 철저하게 짜인 시간과 같은 것이 수반될 때, 그것은 고통을 완화하는 데 더욱 도움이 된다. 노동이 신성시되고 있는 오늘날 이러한 방법은 부지런함과 성실함의 외투를 쓰고 특히 많이 사용되고 있다.

오늘날 많은 사람들이 가정보다도 일, 자신의 행복보다도 일의 성취를 중시하는 일 중독증에 빠져 있다. 그 결과 현대인들은 조용히 자신을 대면할 시간을 갖지 못한다. 니체는 이를 현대인들이 진정한 자기를 발견하는 것을 두려워하고 그것에서 도피하려고 하기 때문이라고 보고 있다. 현대인들은 사회가 만들어준 생활의 틀에서 다람쥐가 쳇바퀴를 돌듯이 부지런히 움직일 뿐, 그러한 틀을 부숨으로써 좀더 창조적이고 생산적인 틀을 짜려고 하지 않는다. 현대인들은 '시간은 황금이다'라고 말하고 '시간은 돈이다'라고도 말한다. 현대인들은 모두 시간이 흘러가는 것을 아까워하고 항상 시간이 부족하다고 초조해한다. 그러나 정작 진정한 자기의 발견을 위한 시간을 내지 않는다. 자기를 위한 시간은 아까워하지 않고 일과 명예와 오락과 반복되는 일상을 위한 시간은 아까워한다.

니체는 사람들이 노동에 쓸 에너지를 자신의 정신적인 성숙과 독립을 위해 써야 한다고 보는 것이다. 니체에 의하면, 노예는 초과 노동을 통해서 탁월한 문화인들을 보조하는 사람들이 아니라 하루 중 깨어 있는 시간의 최소한 3분의 2를 자신을 위해서 쓰지 못하는 사람이다.

경제에 몰입하는 것은 정신 낭비

"모든 정치적 경제적인 일들은 더 열등한 두뇌의 소유자들을 위한 노동 영역이며 열등한 두뇌의 소유자들 이외의 사람들은 이러한 작업장에서 일해서는 안 된다. 차라리 그러한 기계가 다시 한 번 해체되는 것이 낫다! 그러나 지금처럼 모든 사람들이 매일 정치적 경제적인 일들에 대해서 알아야 한다고 믿을 뿐 아니라 누구든 언제라도 그것들을 위해서 일하려고 하고 자신의 고유한 일은 돌보지 않는 것은 우습기 그지없는 큰 광기다. […] 우리의 시대는 경제에 대해서 아무리 말을 많이 해도 하나의 낭비자다. 그것은 가장 귀중한 것, 즉 정신을 낭비한다."(『아침놀』)

[해설]

니체는 정치나 경제 분야에 가장 탁월한 재능을 타고난 사람들이 몰두하는 것에 대해서도 비판하고 있다. 니체는 그것을 정신의 낭비라고 규정하고 있다. 정치나 경제는 어디까지나 인간이 자신의 삶을 살찌우는 데 하나의 보조적인 수단에 지나지 않음에도 불구하고 사람들은 그것들이 목적 자체인 것처럼 착각한다.

상업주의

"상인 문화의 근본 사상 ▸▸ 개인적인 경쟁이 고대 그리스인들의 정수였고 전쟁, 승리, 법이 로마인들의 정수였던 것처럼, 상업이 정수인 사회의 문화가 현재 생성 중에 있는 것을 우리는 보고 있다. 상인은 모든 것들을 만들지 않고서도 평가할 줄 알며, 그뿐 아니라 자신의 고유한 필요에 따라서가 아니라 소비자들의 필요에 따라서 평가할 줄 안다. '누가 그리고 얼마나 많은 사람들이 이것을 소비하는가?'가 그의 최대의 관심사다. 이러한 평가 방식을 그는 본능적으로 끊임없이 모든 것에, 따라서 예술과 학문, 사상가들, 학자들, 예술가들, 정치가들, 민족들과 당파들, 시대 전체의 소산에까지 적용한다. 그는 만들어지는 모든 것에 대해서 그것들의 가치를 스스로 확정하기 위해서 공급과 수요를 조사한다. 이러한 태도가 가장 세세한 점에 이르기까지 철저하게 되고 모든 의지와 능력에까지 각인되면서 문화 전체의 성격이 된다. 이것이야말로 그대들 다음 세기의 인간들이 자랑으로 삼을 것이다."(『아침놀』)

[해설]

니체는 자본주의 사회에서는 사물들 자체가 아니라 그것이 얼마나 시장에서 잘 팔리는가가 그 사물들의 가치를 규정한다고 보면서 자본주의 사회를 지배하는 상인 문화를 비판하고 있다.

배금주의

"다나에와 황금의 신♣ ▸▸ 오늘날 사람들을 범죄자로 만드는 이 과도한 초조함은 어디에서 비롯되는 것일까? [범죄성향과는] 대립된 성향을 더 초래할 것 같은 상황에서 사람들은 이러한 과도한 초조함으로 인해서 범죄자가 된다. 이 사람은 불공정한 저울을 사용하며, 저 사람은 고액의 보험을 든 후에 자신의 집에 방화하며, 세 번째 사람은 위조 화폐의 제조에 참여한다. 상류 사회의 4분의 3이 합법적인 사기에 몰두하고 거래와 투기에 의한 양심의 가책으로 인해 괴로워해야 할 경우, 그들을 부추기는 것은 무엇인가? 이는 그들이 실제로 궁핍하기 때문이 아니다. 그들은 그렇게 심하게 형편이 나쁘지 않고, 아마 음식에 대한 걱정도 없다. 그들을 그렇게 부추기는 것은 돈이 쌓이는 속도가 너무 늦다는 초조감과 [이러한 초조감 못지않게] 축적된 돈에 대한 가공할 욕망과 애정이 그들을 밤이든 낮이든 몰아대는 것이다. 그러나 이러한 초조감과 애정 속에서 힘에 대한 저 열광적인 욕망이 다시 나타난다. 힘

♣ 다나에(Danae)는 아르고스의 왕인 아크리시오스의 딸로서, 아크리시오스는 자신이 딸에 의해서 살해당할 것이라는 신탁을 듣고 자신의 딸을 청동으로 된 방에 가둔다. 제우스는 황금의 비로 변신하여 다나에게 온다. 둘 사이에서 태어난 아이가 페르세우스다.

에 대한 이러한 열광적인 욕망은 옛날에는 진리를 소유하고 있다는 신념에 의해서 불붙었고 너무나 아름다운 이름으로 자신을 가장했기 때문에 사람들은 떳떳한 양심으로 비인간적인 일(유태인들, 이단자들 그리고 양서 등을 불태우고 페루와 멕시코 같은 고등 문화 전체를 근절하는 것)을 감행할 수 있을 정도였다. 힘에 대한 욕망이 자신을 채우는 수단은 변화되었지만 동일한 화산은 여전히 불타오르고 있다. 초조감과 과도한 애정은 자신의 희생물을 원한다. 그 전에 사람들이 '신을 위해서' 행한 일을 사람들은 지금은 돈을 위해서, 즉 오늘날 힘의 감정과 떳떳한 양심을 주는 것을 위해서 행한다."(『아침놀』)

[해설]

니체는 전통적인 종교가 몰락한 상황에서 사람들은 이제 물신(物神)을 숭배하게 되었다고 본다. 사람들이 그 전에는 신을 믿는 데서 힘과 위안과 안심을 구했다면 이제는 가능한 한 많은 부를 축적하는 데서 힘과 위안과 안심을 구하고 있다는 것이다.

부가 신분을 상징한다

"나쁜 식사법에 대한 반대 ▸▸ 호텔에서든 사회의 상류층이 사는 어느 곳에서든 현재 사람들이 하는 식사는 엉망이다! 크게 존경받을 만한 학자들이 모일 경우에조차 그들의 식탁은 은행가의 식탁과 동일하게 가득 채워진다. '다량으로' 그리고 '다양하게', 이것이 규칙이다. 그 결과 요리는 인상을 주기 위해서 만들어지지 영양까지 고려해서 조리되지는 않는다. 그래서 위와 두뇌의 무거움을 없애기 위해서 자극적인 음료의 도움이 필요하게 된다. 바보 같은 짓이다. 그것에 의해서 일반적으로 얼마나 갈피를 잡을 수 없게 되고 신경이 과민하게 되는지! 불쌍하게도, 어떤 꿈들이 그들을 찾아와야만 하는 것인지! 어리석게도, 어떤 예술과 책들이 이런 식사의 후식이 될 것인지! 그리고 그들이 무엇을 하려 하든 그들의 행위를 지배하는 것은 후추와 모순 혹은 염세일 것이다! (영국의 부유 계급은 자신들의 소화 불량과 두통을 견디기 위해서 그리스도교를 필요로 한다.) 마지막으로 이들의 식사에서 구역질나는 것뿐이 아니라 유쾌한 면도 말한다면, 이 사람들은 결코 대식가들이 아니다. 우리들의 세기와 그것의 분주한 성격은 그들의 배보다는 그들의 신체에 대해서 더 큰 힘을 갖는다. 그러면 이러한 식사는 무엇을 원하는가? 그것은 대표한다! 모든 성인들의 이름으로 묻는 바, 도대체 무엇을 대표하는가? 신분을? 아니 돈이다. 우리는 더 이상 신분을 갖고 있지 않다! 우리는 '개인'이다! 그러나 돈은 힘이고 명성이고 존엄이고 우위이고 영향력이다. 현재 돈은 한 인간이 돈을 얼마나 소유하고 있느냐에 따라서 그 사람에 대한 크고 작은 도덕적인 편견을 만들어낸다! 누구든 그것을 되 밑에 두려고 하지 않는다.♣ 그렇다고 해서 누구든 그것을 식탁 위에 두고 싶어하지 않는다. 따라서 돈은 우리가 식탁 위에 둘 수 있는 대표자를 갖지 않으면 안 된다. 우리의 식사를 보라!"(『아침놀』)

[해설]

니체는 식사가 사람들의 자기 과시용으로 사용되고 있는 현실을 비판하고 있다. 사람들은 자신들의 부를 과시하기 위해서 '다량으로' 그리고 '다양하게' 식탁을 차리게 한다. 과거의 귀족 사회에서 식사는 신분을 나타냈지만, 돈이 사람들을 평가하는 절대적인 척도가 되고 있는 현실에서 식사는 천박한 부자들의 자기 과시로 전락하고 있다는 것이다.

♣ 돈을 되 밑에 둔다는 것은 돈을 보이지 않게 둔다는 것으로 자신의 부를 자랑하지 않는다는 말이다. 따라서 돈은 되 밑에 두고 싶어하지 않는다는 것은 자신의 부를 과시하고 싶어한다는 말이다. 이 말은 마태복음 5장 15절의 문구를 변용한 것이다.

국가 숭배

"인간들은 자신에 대해서 무책임하다. 사회주의는 경제적 평등을 위해서라면 전제적인 국가의 지배도 기꺼이 받아들이려 한다. 사회주의자들은 사실상은 창조력 없는 대중에 대한 '제황적 폭력 국가(cäsarischer Gewaltstaat)'의 지배를 원한다. 그들은 국가라는 우상의 숭배자(die Staats-Götzendiener)다."(『인간적인 너무나 인간적인』)

"너희는 전쟁에서 지쳤고 이제 너희의 피곤함이 이 새로운 거짓 신에게 봉사한다. […] 너희가 국가, 그 새로운 거짓 신을 숭배할 때 국가는 너희에게 모든 것을 주려고 하리라. 그렇게 해서 국가는 그대들의 긍지에 찬 시선을 매수하는 것이다. […] 선한 자나 악한 자나 모두가 음독자가 되는 곳, 선한 자나 악한 자 모두 자기 자신을 잃어버리는 곳, 그곳을 나는 국가라고 부른다."(『차라투스트라는 이렇게 말했다』)

[해설]

현대의 민주주의에서 국민은 자신이 복종해야 할 법을 만드는 데 '한 표'를 행사할 수 있을 뿐이다. 모두에게 주어진 한 표가 전쟁의 힘을 흡수해버렸다. 민주주의는 가장 효과적인 전쟁 억제 수단이다. 고대의 국가가 인간들이 서로의 힘을 겨루면서 자신을 고양시키기 위한 전쟁에서 기원한다면 근대의 국가는 전쟁에 대한 피로감에서 등장한다. 모두가 지쳐 더 이상의 전쟁을 포기할 때 새로운 우상인 국가가 등장한다. 현대인들은 국가가 자신의 문제를 해결해주기를 바란다. 니체가 보기에 현대인들이 평등을 추구하고 이와 아울러 사회주의에 기울어지는 것은 자신들의 문제를 국가에 의지하여 해결하려는 것을 의미한다.

대중과 선동 정치

"도취와 영양 ▸▸ 민중들은 기만하는 자들, 즉 그들의 감각을 흥분시킬 술을 항상 구하기 때문에 너무도 자주 기만당한다. 그들은 그것을 손에 넣기만 하면, 거친 빵으로도 기꺼이 만족한다. 그들은 음식물보다도 도취를 더 가치 있게 여긴다. 여기에 그들이 항상 물어뜯고 싶어하는 먹이들이 있다! 혁혁한 공적을 세운 정복자 혹은 옛적의 화려한 군주의 가문에 비해서 그들 중에서 뽑힌 자들은 가장 노련한 자라도 민중에게 어떠한 존재인지! 민중이 신봉하는 자는 민중에게 정복과 화려함을 약속해야 한다. 그러면 그는 아마 신망을 얻게 될 것이다. 민중은 복종하고 복종하는 것 이상의 일도 한다. 만일 그들이 그것에 의해서 도취할 수 있다고 한다면 말이다. 월계관과 사람들을 미치게 만드는 그것의 힘이 없을 때는 민중에게 평온과 만족도 주어서는 안 된다. 그러나 영양보다도 도취를 더 중시하는 이 천민적인 취미는 결코 천민의 가슴 깊은 곳에서 생겨난 것이 아니다. 그것은 오히려 거기에 운반되고 거기에 심어지고 거기에서 무성하게 자라난 것이다. 그것은 사실은 최고의 지성의 소유자들에 그 기원을 두고 있고 수천 년 동안 그들 사이에서 번성했던 것이다. 민중은 이 빛나는 잡초가 아직 무성하게 자랄 수 있는 최후의 미개지다. 뭐라고! 그러면 민중에게 정치를 맡겨야 한다고? 민중이 정치를 통해서 매일 도취할 수 있도록?"(『아침놀』)

"위대한 정치에 대해서 ►► 개개인들과 국민들이 얻게 될 이익과 그들의 허영심이 위대한 정치에 아무리 많이 영향을 미친다고 하더라도 그들을 앞으로 나가도록 몰아대는 가장 강력한 물은 힘의 감정에 대한 욕구다. 그러한 욕구는 군주나 권력자들뿐 아니라 그것에 못지않게 민중의 낮은 계층에서, 마르지 않는 샘에서처럼 때때로 용솟음쳐 나온다. 대중이 저 최고의 즐거움을 획득하고 승전 민족으로서 그리고 전제적이고 제멋대로인 민족으로서 다른 민족들을 마음대로 지배하기 위해서(혹은 마음대로 지배하고 있다고 생각하기 위해서) 그들의 목숨, 그들의 재산, 그들의 양심, 그들의 덕을 기꺼이 걸려고 각오하는 순간이 거듭해서 온다. 이때 낭비와 희생, 희망과 과감함, 상상과 같은 감정들이 너무 풍부하게 넘쳐나오기 때문에 야심만만하고 신중한 군주는 트집을 잡아서 전쟁을 일으키고 국민의 거리낌 없는 양심을 내세우면서 자신의 불의를 위장한다. 위대한 정복자들은 항상 감동적인 미덕의 언어를 입에 담아왔다. 그들에게는 의기를 끌어올리는 말만을 듣고 싶어하는 고양되어 있는 대중들이 주위에 항상 있었다. 도덕적인 판단들의 놀랄 만한 어리석음이여!"(『아침놀』)

"희생 동물들의 도덕 ▸▸ '열광적인 헌신', '자기 자신을 희생으로 바친다' — 이것이 그대들의 도덕이 내세우는 구호들이다. 나는 그대들이 말하는 것처럼 그대들이 진정으로 자신들을 헌신하려고 한다는 사실을 기꺼이 믿는다. 그러나 나는 그대들의 '진정함'이 그러한 도덕과 손을 잡고 함께 갈 수 있을 경우에, 그대들이 그대들 자신을 아는 것보다 그대들을 더 잘 알고 있다. […] 그대들은 열광적으로 자신을 헌신하고 자신을 희생물로 만드는 것을 통해서, 그대들은 신이든 인간이든 그대들이 그대 자신을 바치는 강력한 존재와 지금 하나가 되었다고 생각하면서 도취에 빠지는 것이다. 그대들은 그대들의 희생을 통해서 다시 한 번 확인되는 저 강력한 존재가 갖는 힘의 느낌에 탐닉한다. 사실은 그대들은 그대들을 단지 희생하는 것처럼 보일 뿐이고, 오히려 그대들은 그대들을 마음속에서 신으로 변화시키고 자신들을 신들로서 즐기는 것이다."(『아침놀』)

"자신의 비참함을 넘어서는 것 ▸▸ 자신들의 품위와 중요성의 감정을 만들어내기 위해서 그들이 지배하거나 폭력을 가할 수 있는 사람들, 즉 그들이 거리낌 없이 거만을 떨거나 화를 낼 수 있는 무력하고 비겁한 사람들을 항상 필요로 하는 자들은 나에게는 자부심이 강한 자들로 보인다. 그들은 잠시 자신들의 비참함을 넘어서기 위해서 그들 주

위의 비참함을 필요로 한다. 이를 위해서 많은 사람들은 개를, 다른 자는 친구를, 세 번째 인간은 여성을, 네 번째 인간은 당파를, 그리고 다섯 번째 인간은 매우 드문 자이지만 시대 전체를 필요로 한다.”(『아침놀』)

[해설]

현대인들은 이데올로기적인 선전에 극히 취약하다. 니체는 자신의 힘을 느끼고 싶어하는 의지를 인간의 모든 행동과 사고를 규정하는 근본적인 충동으로 본다. 니체가 소시민적 안락을 최우선으로 삼는다고 비판하는 현대의 말세인들도 힘에의 의지를 자신의 본질로 갖는 한, 단순히 물질에 만족하지 않고 자신들의 힘과 탁월함을 추구한다. 물론 이들은 힘과 탁월함을 갖기 위해서 진정으로 노력하지 않고 자신들이 이미 힘과 탁월함을 갖고 있다고 자만한다. 이러한 자만에 아부하는 자들이 바로 현대의 정치가들이다. 나치들은 독일 민족은 천성적으로 강하고 탁월한 종족이라고 독일 민중에게 아부하며, 공산주의자들은 프롤레타리아가 천성적으로 고귀한 존재라고 아부한다. 민중들은 자신이 처한 모든 열악한 상황을 교활하고 저열한 인간들의 탓으로 돌리면서 이들에 대한 지배를 추구한다.

니체는 민중들이 이렇게 하나의 집단을 형성하면서 자신들과는 다른 소수자를 억압하고 괴롭히는 것을 자신들이 현실에서 경험하는 고통을 완화시키는 중요한 방법 중의 하나로 보고 있다. 집단의 힘을 자신의 힘과 동일시하고 집단의 성공을 자신의 성공으로 생각하면서 나약한 사람들은 의기소침과 좌절에서 벗어나게 되는 것이다. 그러나 이와 동시에 사람들은 집단 속에서 자신을 상실하게 된다. 교활한 정치가들은 민중들의 이러한 속성을 이용하여 민중들을 선동하면서 자신의 야욕을 채운다.

니체는 진정으로 강한 사람은 집단과 무리 그리고 대중정치와 선동 정치를 싫어한다고 말하고 있다. 진정으로 강한 자는 그것들이 인간의 독립성과 주체성을 앗아갈 것이라고 우려한다는 것이다.

제2장

인간이란 어떤 존재인가

이원론의 오류

"거의 모든 철학적인 문제들은 아직도 2000년 전과 동일한 물음을 제기한다. 곧 어떻게 무언가가 그것의 대립자에서, 가령 합리성은 비합리성에서, 살아 있는 것은 죽은 것에서, 논리는 비논리에서, 사심 없는 관조는 탐욕스러운 의욕에서, 이타주의는 이기주의에서, 진리는 오류에서 발원하는가? 지금까지 형이상학적 철학은 하나가 다른 하나로부터 발원한다는 사실을 부정함으로써, 그리고 더 높은 가치가 부여된 사물을 위해서는 '사물 자체'의 핵과 본질에 그것의 기적적인 근원을 상정함으로써 이 난점을 극복해왔다. 반면, 모든 철학적 방법들 중에서 가장 젊고, 더는 자연과학과 분리될 수 없는 역사철학은 개별적인 사례들을 관찰함으로써 […] 어떠한 대립도 존재하지 않는다는 점과 […] 이러한 반정립은 추론의 오류 때문에 발생했다는 점을 발견했다. 이러한 해석에 따르면, 엄밀히 말해 비이기적인 행위도 완벽히 사심 없는 관조도 존재하지 않는다. 둘 다 승화일 뿐이다. 승화 속에서 원초적인 요소는 거의 사라져버린 듯 보이며, 가장 근면한 관찰을 통해서만 원초적인 요소들은 드러날 수 있다."(『인간적인 너무나 인간적인』)

"모든 선한 동기들은 [···] 아무리 고상한 이름을 갖다 붙인다 해도 사실은 독이 들어 있다고 생각되는 동기들과 한 뿌리에서 자란 것이다. 선한 행위와 악한 행위는 전혀 다른 행위가 아니다. 그 둘 사이에는 기껏해야 정도의 차이만 있을 뿐이다. 선한 행위는 승화된 악한 행위다."(『인간적인 너무나 인간적인』)

"나중에 덧붙여진 이성 ▸▸ 오랫동안 존속하는 모든 사물들은 점차 이성에 의해서 침윤되기 때문에 그것이 원래는 비이성에서 기원했다는 사실이 믿기지 않게 된다. 기원에 관한 정확한 역사란 거의 대부분의 경우 역설적이고 신성모독적인 감정을 일으키지 않을까? 훌륭한 역사가라면 근본적으로 끊임없이 반박하지 않을까?"(『아침놀』)

"잔인함은 승화를 통해 비극적인 동정이 되었다. 따라서 그것에 더 이상 잔인함이라는 이름이 인정되지 않는다. 이와 같은 방식으로 성적인 욕망은 연애 감정이 되었다. 노예적 성향은 그리스도교적인 복종으로, 비참은 겸허로, 교감신경의 병적인 상태는 염세주의, 파스칼주의 혹은 칼라

일주의가 되었다.”(『힘에의 의지』)

‘나쁜 인간’이 갑자기 ‘성자’나 선한 인간으로 변모되는 현상은 충분히 가능하다. 그러나 우리가 알고 있는 심리학은 이러한 변화를 설명할 능력이 없다. 그 이유는 심리학이 도덕의 지배 아래에 있었기 때문이 아닐까? 즉, 대립적인 도덕적 가치를 믿고 사실을 이러한 관점에서 보고 읽고 해석했기 때문이 아닐까?

무엇이? ‘기적’이 단순히 해석의 문제라고? 문헌학의 결핍?”(『선악의 저편』)

“언젠가 너희는 정열을 괴롭게 경험했고 그것을 악이라 불렀다. 이제 너희에게는 미덕만이 남아 있는 셈이다. 너희의 미덕은 정열에서 자라났다.”(『차라투스트라는 이렇게 말했다』)

[해설]

서양의 전통적인 종교와 철학을 지배해온 이원론은 세

계와 인간을 생성 변화하는 불순한 부분과 영원불변의 참된 부분으로 나누면서, 우리의 미덕은 영원불변의 참된 세계와 순수한 영혼에서 비롯되는 것인 반면에 악덕은 생성 변화하는 지상과 육체에서 비롯되는 것으로 본다. 서양의 전통적인 윤리학은 서양의 전통적인 종교와 형이상학과 마찬가지로 선악 이원론인 것이다.

그러나 니체는 합리성이 비합리성에서, 살아 있는 것이 죽은 것에서, 논리는 비논리에서, 사심 없는 관조가 탐욕스러운 의욕에서, 이타주의가 이기주의에서, 진리가 오류에서 비롯되는 것과 마찬가지로 이른바 미덕은 악덕의 승화라고 말하고 있다. 이러한 승화에서는 원래의 바탕이 되었던 요소는 거의 사라져버린 듯 보이기 때문에 미덕과 악덕은 전혀 다른 기원을 갖는 것처럼 보이지만, 우리가 엄밀하게 관찰할 경우에는 그러한 근원적인 요소들을 드러낼 수 있다는 것이다.

심지어 니체는 인간과 동물 그리고 인간이 추구하는 미덕과 동물들의 특성 사이에는 본질적인 차이가 존재하지 않는다고 본다. 전통적인 종교와 철학이 인간의 미덕을 신과 천상의 세계에서 비롯되는 것으로 보는 반면에, 니체는 인간의 미덕의 궁극적인 기원을 동물에서 찾고 있는 것이다. 예를 들어서 인간이 미덕이라고 생각하는 용기는 사자의 용기에 뿌리를 두고 있으며, 지혜라는 것도 여우의 교활함에 뿌리를 두고 있다는 것이다.

미덕이란 것이 사실은 악덕이라고 불렸던 것에서 비롯된다는 사실을 니체는 또한 탕자가 갑자기 성자로 변화하는 현상을 통해서 증명하려고 한다. 성 프란체스코와 같은 사람은 탕자였지만 갑자기 성자로 변했다. 니체는 성욕, 야망, 잔인성과 같은 비도덕적인 특성이 갑자기 순결, 자기 부정, 친절함과 같이 정반대되는 특성으로 변할 수 있다고 보는 것이다.

행복이란 무엇인가

"우리가 자신에 대해서 아는 것? ▸▸ 동물은 다른 동물을 보자마자 마음속에서 그것과 자신을 견주어본다. 그리고 야만 시대의 인간들 역시 그렇게 한다. 이러한 사실로부터 대부분의 경우 어떤 인간이든 오직 자신이 갖는 방어력과 공격력에서만 자신을 알게 된다는 사실이 밝혀진다."(『아침놀』)

"행복의 효과 ▸▸ 행복이 가져오는 첫 번째 효과는 힘의 감정이다. 우리 자신에 대해서든 다른 인간에 대해서든 표상에 대해서든 상상의 존재에 대해서든 이러한 힘의 감정은 자신을 표현하고 싶어한다. 자신을 표현하는 가장 흔한 방식들은 선물을 주는 것, 조롱하는 것, 파괴하는 것이다. 이 세 가지는 모두 하나의 공통된 근본 충동에 근거하고 있다."(『아침놀』)

"우월의 추구 ▸▸ 탁월함의 추구는 끊임없이 이웃을 주목하면서 그가 어떤 기분 상태에 있는가를 알려고 한다. 그러나 이 충동이 자신을 만족시키기 위해서 필요로 하는 [타인의 기분에 대한] 공감과 인식은, 무해하다거나 동정적이거나 선의에 차 있다는 것과는 거리가 아주 멀다. 오히려 우리들은 이웃이 우리 때문에 외면적으로나 내면적으로도 얼마나 괴로워하는가, 그가 얼마나 자제를 잃고 우리의 손길이나 심지어 우리의 모습이 그에게 주는 인상에 굴복하는지를 보고 추측하려고 한다. 우월을 추구하는 자가 기쁘게 하거나 고양시키거나 명랑하게 하는 인상을 주거나 주려고 했을 경우에조차[그리고 그가 그러한 시도에 성공했을 경우], 그때 그는 자신이 이웃을 기쁘게 하거나 고양시키고 명랑하게 했기 때문에가 아니라 그가 자신을 타인의 혼에 각인시키고 그 혼을 바꾸고 자신의 의지에 따라서 그것을 지배했기 때문에 그는 [그러한 시도의] 성공을 즐기는 것이다. 우월의 추구는 이웃을 압도하려는 노력이다. 그것이 극히 간접적이고 단지 느껴지는 데 그치거나 몽상된 것일지라도 말이다. 은밀히 열망되는 [타인에 대한] 압도의 정도에는 긴 계열이 존재한다. 그리고 이 계열의 전체는 초기의 아직 기괴한 야만 상태에서 지나치게 정교하고 병적으로 이상적인 기괴한 상태에 이르기까지의 문화의 역사에 거의 필적할 것이다. 우월에의 추구는 이웃에 대해서 다음과 같은 사태를 수반한다. 이 긴 사다리의 몇 단계만 이름을 들자면 다음과 같다. 고문, 그 다음에는 매질, 그 다음에는 두려움, 그 다음에는 불안해하면서도 놀라워하는 것, 그 다음에는 경탄, 그 다음에는 시기, 그 다음에는 찬탄, 그 다음에는 고양, 그 다음에는 기쁨, 그 다음에는 명랑함, 그 다음에는 웃음, 그 다음에는 비웃음, 그 다음에는 경멸, 그 다음에는 조롱, 그 다음에는 매질을 하는 것, 그 다음에는 고문을 가하는 것. 이 사다리의 맨 끝에는 고행자와 순교자가 있다. 그 경우 그는 사다리의 맨 처음에 있는 그의 대립자인 야만인이 그가 능가하려고 하는 타인에게 고통을 주기 위해서 가하는 바로 그것을 우월에 대한 자신의 충동에 따라서 스스로 짊어지는 데서 최고의 쾌감을 느낀다. 자기 자신에 대한 고행자의 승리, 그때 내면으로 돌려진 그의 눈, 이 눈은 인간이 고통 받는 자와 바라보는 자로 분열되어 있는 것을 본다. 그리고 그것이 외계로 눈을 돌리는 것은 외계로부터 말하자면 자신을 화형에 처하기 위한 장작을 모으기 위해서일 뿐이다. 우월에의 충동이 도달하는 이 최후의 비극, 거기에는 자기 자신 속에서 타버리는 한 인물이 있을 뿐이다. 그것은 처음 단계에 어울리는 위엄 있는 결말이다. 양자가 똑같이 고문을 바라보는 데서 말할 수 없는 행복을 느끼는 것이다! 행복이 힘을 가장 생생하게 느끼는 감정이라고 할 경우, 미신적인 고행자의 혼에서보다도 행복이 더 큰 곳은 지상 어디에도 아마 없었다."(『아침놀』)

"덕으로서의 고상한 잔혹함 ▸▸ 여기에 [다른 사람들에 대해서] 우월함을 느끼고 싶어하는 충동에 전적으로 근거하고 있는 도덕이 있다. 그것을 너무 좋게 생각하지 말기를! 그것은 도대체 어떠한 충동이고 그것의 저의는 무엇일까? 우리는 우리의 모습이 타인에게 고통을 주고 그의 시기심과 무력감 그리고 몰락의 감정을 일깨우게 하고 싶어 한다. 우리는 타인의 혀 위에 우리의 꿀 한 방울을 떨어뜨리고는 그에게 호의를 베풀었다고 생각하면서 그의 불행에 대해서 기뻐하고 그의 눈을 날카롭게 직시한다. 이를 통해서 우리는 그가 자신의 운명의 쓰라림을 맛보게 하려고 한다. 이 인간은 겸손하게 되었고 지금 그의 겸허는 완전하다. 그가 이를 통해서 오래전부터 고문하고 싶었던 사람들을 그대들은 찾아보라! 그대들은 반드시 그 사람들을 발견할 것이다! 저 인간은 동물을 동정하며 그 때문에 찬탄을 받는다. 그러나 바로 이것에 의해서 그가 자신의 잔혹함을 발산하고 싶어하는 어떤 사람들이 존재하는 것이다. 거기에 위대한 예술가가 있다. 그가 위대하게 되기까지 그의 힘을 일깨웠던 것은 정복당하는 경쟁자의 질투심을 느낄 때의 쾌감이다. 위대해지기 위해서 그는 다른 사람들에게 얼마나 많은 고통스런 순간들을 맛보게 했던가! 수녀의 순결. 그녀는 얼마나 비난이 깃든 눈길로 다르게 사는 여인들의 얼굴을 들여다보는가! 그녀의 눈에는 얼마나 많은 복수의 쾌감이 존재하는지! 주제곡은 짧다. 그것의 변주곡들은 수없이 많을 수 있을 것이다. 그러나 쉽게 지루해지지는 않는다. 왜냐하면 우월의 도덕이 근본적으로 정교한 잔혹함에 대한 쾌감이 되는 것은 그것이 여전히 너무도 역설적이고 고통을 주는 새로운 것이라는 사실과 관련되어 있기 때문이다. '근본적으로'라는 말은 여기서는 '최초의 세대에서는 항상'이라는 것을 의미한다. 왜냐하면 어떤 사람들을 우월하게 만드는 행위의 습관은 유전할지라도 그것의 배후에 있는 저의는 함께 유전되지 않기 때문이다(오직 감정만 유전될 뿐 생각은 유전되지 않는다). 그리고 그러한 저의가 교육을 통해서 다시 배후에 삽입되지 않는다면, 두 번째 세대에서는 이미 잔혹의 쾌감은 더 이상 존재하지 않고 습관 자체에 대해서만 쾌감이 존재한다. 그러나 이 쾌감이 '선'의 최초의 단계다."(『아침놀』)

"도덕적인 등에▸▸ 인식에 대한 사랑이 결여되어 있고 사람들에게 고통을 줄 때의 기쁨만을 알고 있는 저 도덕주의자들은 시골 사람들의 정신을 가지고 있으며 그들과 동일한 지루함을 느끼고 있다. 그들의 가련하면서도 잔혹한 즐거움은 이웃을 세밀하게 비평하는 것이며 사람들이 알지 못하게 바늘을 꽂아서 이웃에게 상처를 주는 것이다. 그들에게는 살아 있는 것과 죽은 것을 사냥하거나 학대하지 않으면 즐겁지 않았던 어린 시절의 나쁜 행실이 남아 있다."(『아침놀』)

[해설]

아리스토텔레스에 의하면 인간의 삶의 궁극 목적은 행

복이다. 인간이 궁극적으로 추구하는 것은 행복이라는 것이다. 우리가 공부를 하고 노동을 하는 것도 결국은 행복하기 위해서다. 그것이 우리에게 불행을 가져온다고 생각되면 우리는 언제든지 단호하게 그것들을 중단할 것이다. 그런데 행복이란 무엇인가?

니체는 행복은 힘의 감정이라고 말하고 있다. 니체는 우리 인간의 가장 근본적인 충동을 힘을 갖기를 바라고 자신이 힘을 가지고 있음을 느끼고 싶어하는 충동으로 보고 있다. 이러한 충동을 니체는 힘에의 의지라고 부르고 있거니와, 이러한 충동이 만족될 때 우리는 행복을 느낀다고 말하고 있다.

그러면 우리는 어떤 때 힘의 감정을 갖게 되는가? 다시 말해서 어떤 때 우리는 자신이 힘을 갖고 있다고 느끼게 되는가? 니체는 우리가 힘을 느끼게 되는 다양한 방식들이 존재한다고 말하고 있다. 다른 사람들을 육체적인 힘으로 공격하고 압도하는 것, 타인을 고문하는 것, 타인을 말로 조롱하는 것, 타인에게 선물을 주고 은혜를 베푸는 것, 타인에게 동정을 베푸는 것, 타인에게 기쁨을 주는 방식으로 타인의 혼에 자신을 각인하는 것 등 …. 이러한 모든 행위들은 그러한 행위를 통해 자신의 이웃을 압도하고 싶어하는 근본 충동으로부터 비롯된다는 점에서는 동일하다.

니체는 이러한 근본 충동이 나타나는 여러 가지 형태들에는 야만적이고 물리적인 방식에서 세련되고 정신적인 방식에 이르는 긴 사다리가 있다고 본다. 그리고 이러한 사다리의 맨 끝에는 도덕적 혹은 종교적인 고행과 순교가 있다고 본다. 이러한 고행과 순교에서는 이 사다리의 맨 처음에 있었던 야만적이고 물리적인 고문과 폭력이 타인에게 향하는 것이 아니라 자신에게 향한다. 고행자와 순교자는 자신에게 고문과 폭력을 가하고 그것을 견뎌냄으로써 자신의 힘을 느낀다. 그것은 타인에 대한 승리가 아니라 자기 자신에 대한 승리다.

심지어 니체는 순수한 도덕성을 지향한다는 사람들에게도 타인들에 대해서 자신의 우월함을 확인하고 싶어하는 힘에의 의지가 존재한다고 본다. 니체는 그 예로 자신을 순결한 존재라고 생각하면서 세속의 여인들을 바라보는 수녀의 눈길과 다른 사람들을 부도덕하다고 비난하는 도덕주의자들의 말에서 그러한 힘에의 의지가 작용하고 있음을 본다.

힘에의 의지

"심지어 노예의 의지 속에서도 주인이고자 하는 의지를 발견했다. 약한 자의 의지는 그를 설득하여 강한 자에게 봉사하게 만든다. 그리고 약한 자의 의지는 더 약한 자의 주인이 되기를 원한다. 이 기쁨만은 절대로 포기하려 하지 않는다. 작은 자가 훨씬 더 작은 자를 통해 기쁨과 힘을 느끼기 위해 더 큰 자에게 굴복하듯이, 더 큰 자 또한 굴복하고 생명을 건다. [⋯] 그리고 희생과 봉사와 애정 어린 눈길이 있는 곳에도 또한 주인이고자 하는 의지가 있다. 더 약한 자는 뒷길로 해서 더 강한 자의 요새 속으로, 심장 속으로 숨어들어가서 그 힘을 훔친다."(『차라투스트라는 이렇게 말했다』)

"정신의 목표는 새로운 '경험'을 자기 것으로 동화시키는 것이며, [⋯] 성장하는 것, 좀더 정확하게 말해 성장의 느낌, 힘이 커졌다는 느낌을 갖는 것이다."(『선악의 저편』)

"힘의 마력(魔力) ►► 필요도 아니고 욕망도 아니고 힘에 대한 사랑이야말로 인류의 수호신이다. 인간에게 모든 것, 즉 건강, 음식, 주택, 오락을 줘봐라. 그들은 여전히 불행하고 불만스러워 할 것이다. 왜냐하면 마력적인 존재가 기다리면서 채워지기를 원하고 있기 때문이다. 그들에게서 모든 것을 빼앗고 이 마력적인 존재를 만족시켜보라. 그러면 그들은 거의 행복하게 된다. 인간과 마력적인 존재가 행복할 수 있는 최대한 정도까지. 그러나 내가 왜 이런 사실을 또 말하는가? 루터가 이미 나보다 그러한 사실을 더 능숙하게 다음과 같은 구절에서 말했다. '그들이 우리에게서 신체, 재산, 명예, 아이 그리고 아내를 빼앗을지라도 내버려두라. 그러나 왕국은 우리에게 남아야만 한다!' 그렇다! 그렇다! '왕국'은!"(『힘에의 의지』)

[해설]

니체는 모든 현상들을 힘에의 의지로부터 설명하려고 한다. 힘에의 의지는 정신적이든 물질적이든 자신이 지배할 수 있는 영역을 최대한 확대하려는 충동이다. 그것은 원초적으로는 자신보다 육체적으로 연약하게 보이는 자들을 괴롭히는 식으로 나타날 수 있지만, 다른 한편으로는 다른 사람들을 정신적으로 감복시켜서 자신을 따르게 하는 식으로도 나타날 수 있다. 즉, 힘에의 의지는 가장 천박한 형태에서부터 가장 세련된 형태에까지, 단순한 육체적 학대와 잔인한 정복에서부터 이성적인 설득에 이르기까지 모든 것을 포괄하고 있는 것이다.

니체는 힘에의 의지로 모든 것을 다 설명할 수 있다고 본다. 니체 이전의 철학은 모든 행동을 그것이 도덕적으로 선하냐 그렇지 않느냐에 따라서 평가하고 설명하려고 했지만, 이제 니체는 이른바 도덕적인 행위조차도 힘에의 의지의 한 형태로 보게 되는 것이다. 니체는 힘에의 의지가 없을 것처럼 보이는 연약하고 힘없는 사람들조차도 자신들이 얕볼 수 있고 힘을 발휘할 수 있는 대상을 찾는다고 보고 있다.

이런 의미에서 니체는 노예에게도 힘에의 의지가 있다고 본다. 노예는 자신보다 더 강한 자에게 굴복하여 그로부터 신임을 얻음으로써 자신보다 더 약한 자에게 군림하려고 한다는 것이다. 아우슈비츠 강제수용소의 유태인들 중에서도 독일 간수에게 아부함으로써 다른 유태인들에게 군림하려는 사람들이 있었다.

힘에의 의지와 폭력

"힘의 감정 ▸▸ 다음 사실을 구별하기를 바란다. 힘의 감정을 처음으로 획득하려고 하는 자는 모든 수단에 호소하며 그 감정을 길러줄 수 있는 아무것도 경멸하지 않는다. 그러나 힘의 감정을 소유하는 자는 취미가 매우 까다로우며 고상하게 되었다. 따라서 어떤 것이 그에게 만족을 주는 일은 드물다."(『아침놀』)

"모든 살아 있는 것들은 사력을 다해서 자신의 왕국을 확장하고 좀더 약한 것들을 굴복시킨다. 이리하여 생명체는 자신에 대한 기쁨을 느낀다. 하지만 이러한 경향이 계속 '인도적으로' 바뀌면서 타자를 진정으로 통합하는 것이 매우 어려워졌다. 타인에게 무턱대고 타격을 가함으로써 우리는 힘의 우월성을 증명할 수는 있다. 그러나 이것은 동시에 그의 의지를 우리에게서 멀어지게 만들어 그를 굴복시키기는 훨씬 어려워진다."(『힘에의 의지』, 769)

"우리는 그리스 사람들과 르네상스 시대 사람들의 우월성을 인정한다. 하지만 우리는 이들을 우월하게 만들었던 당시의 원인이나 조건을 다시 반복하지 않으면서 이들의 우월성을 확보하기를 바란다."(『힘에의 의지』)

[해설]

니체의 힘에의 의지 사상은 잔인함과 폭력을 정당화하는 사상이라고 오해받기 쉽다. 그러나 니체는, 사람들이 인도주의적으로 바뀌고 만인의 평등을 내세우는 상황에서는 다른 사람들을 잔인한 폭력에 의해서 지배하는 것은 진정한 지배가 될 수 없다고 보고 있다. 우리는 그리스의 귀족들과는 상이한 역사적인 조건에서 살고 있기 때문에 그들의 잔인성을 모방하는 것만으로는 다른 인간들에 대한 진정한 우월성을 확보하기 어렵다는 것이다. 근대에는 물리적 폭력을 넘어서 상대방의 마음을 승복시키는 것이 필요하다는 것이다.

니체는 힘에의 의지가 실현되는 방식에 등급을 정하고 있다. 힘에의 의지는 야만적인 방식으로 구현될 수도 있지만 고귀하고 기품 있는 방식으로 구현될 수도 있다. 힘에의 의지는 건강한 방식으로 구현될 수도 있지만 병적인 방식으로 구현될 수도 있다. 니체가 힘에의 의지를 구현하는 고귀하면서도 기품 있고 건강한 방식을 강력하게 추천하고 있다는 것은 말할 나위가 없다.

힘에의 의지와 아름다움

"아름다움의 증대 ▸▸ 아름다움은 왜 문명과 함께 증대되는가? 문명인에게는 추함을 추구하도록 하는 다음 세 가지 기회들이 갈수록 드물게 나타나기 때문이다. 그것들은 첫째로 감정의 가장 격렬한 폭발, 둘째로 극도의 육체적 단련, 셋째로 외모를 통해서 공포감을 일으킬 필요성이다. 이러한 필요성은 더 낮고 위험에 처해진 문화 단계들에서 너무나 크고 흔히 느껴지는 것이어서 그것은 태도와 의례조차도 확정하며 추함을 의무로 만든다."(『아침놀』)

[해설]

니체는 힘에의 의지가 고귀하고 기품을 갖게 되는 과정은 추함이 극복되고 아름다움이 증대되는 과정이라고 말하고 있다. 문명의 초기 단계에서는 힘에의 의지는 사람들에게 공포를 불어넣은 형태로 나타났다. 따라서 그것은 추한 형태로 나타났다. 그러나 문명이 발달할수록 힘에의 의지는 사람들을 정신적으로 감화하는 아름다운 형태로 나타난다.

자기 창조

"우리가 자유롭게 할 수 있는 것 ▸▸ 우리는 우리의 충동을 정원사처럼 처리할 수 있다. 그리고 소수만이 알고 있는 사실이지만, 분노, 동정, 심사숙고, 허영심의 싹을 격자울타리에 달린 아름다운 과일처럼 생산적이고 유용한 것으로 키울 수 있다. 우리는 정원사의 훌륭한 취미나 조악한 취미와 함께 그렇게 할 수 있으며, 말하자면 프랑스 식 혹은 영국 식 혹은 폴란드 식 혹은 중국 식으로 할 수 있다. 우리는 또한 자연을 스스로 자라게 하고 단지 이곳저곳만을 약간 꾸미고 깨끗이 할 수 있다. 우리는 마지막으로 아무런 지식도 생각도 없이 식물들을 자연 그대로의 혜택과 장애 속에서 자라게 하고 서로 싸우게 할 수 있다. 아니 우리는 그러한 야생 상태에서 기쁨을 느낄 수 있으며 그것으로 곤경을 겪게 되더라도 이러한 기쁨을 갖기를 원할 수 있다. 이 모든 것을 우리는 자유롭게 할 수 있다. 그러나 우리가 이와 같은 것을 자유롭게 할 수 있다는 사실을 얼마나 많은 사람들이 알고 있는가? 대부분의 사람들은 자신을 완전히 자라버린 사실이라고 믿지 않는가? 위대한 철학자들은 성격의 불변성에 대한 학설로 이러한 편견에 여전히 그들의 봉인을 찍지 않았던가?"(『아침놀』)

[해설]

니체에게 개인은 자신 안에 서로 충돌하는 충동과 감정을 가진 일종의 국가와 같은 것이다. 국가라는 것이 이미 고정된 실체가 아니라 그것들 안의 요소들을 어떻게 조직하느냐에 따라서 훌륭한 국가가 될 수도 있고 보잘것없는 국가가 될 수 있는 것처럼 개인도 자신 내부의 충동과 감정들을 어떻게 조직하느냐에 따라서 훌륭한 인물이 되거나 비천한 인물이 될 수 있다.

니체는, 화가나 배우가 많은 실험을 통해서 자신이 생각하는 인물을 창조하고 정원사가 자신의 정원을 창조하는 것처럼 우리는 우리의 충동들을 적절하게 제어하고 조정함으로써 우리 자신을 창조해나갈 수 있다고 말하고 있다. 이와 함께 니체는 우리의 인간성이 불변적이라는 전통적인 철학의 견해는 하나의 선입견에 불과하다고 밝히고 있다.

불변적인 자아의 부정

"모든 불변하는 것 ▸▸ 그것은 다만 비유에 지나지 않는다. 그리고 시인은 너무 많은 거짓말을 한다. [⋯] 가장 훌륭한 비유는 시간과 변화에 대해서 이야기해야 한다. 비유로 하여금 모든 일시적인 것들이 옳다고 주장하고 또 이를 노래하게 하라. [⋯] 그대 창조자들이여, 그대의 삶 속에는 수많은 쓰라린 죽음이 있어야만 한다. 새로이 태어나는 아이가 되기 위해서 창조자는 스스로 어머니가 되어 산고를 겪어야 한다."(『차라투스트라는 이렇게 말했다』)

"영혼을 영원하고 보이지 않는 불멸의 것으로, 단자로 생각하는 믿음, 과학은 이러한 믿음을 추방해야만 한다. 개인적으로 말하자면 '영혼'을 한꺼번에 제거하는 것이 필요하지는 않다. [⋯] 하지만 영혼에 대한 새롭고 좀더 세련된 가설을 세울 수 있는 길은 열려 있다. '죽기 마련인 영혼', '주관적인 다양성으로서의 영혼' 및 '충동과 감정의 사회적 구조로서의 영혼'과 같은 개념들은 과학의 분야에서 그 정당한 권리를 인정받고 싶어한다."(『선악의 저편』)

"하나의 유일한 주체에 대한 가설은 불필요할 수 있다. 주체의 다양성을 가정하는 것도 주체의 유일성을 가정하는 것만큼 충분히 허용될 수 있는 일일지 모른다. 다양한 주체의 상호 작용과 투쟁이 사유와 의식의 근거가 아닌가. 지배권을 갖는 일종의 '세포'들의 귀족 정치? 공동 통치에 익숙해진 통치술을 이해한 동등한 사람들의 귀족 정치?" (『힘에의 의지』)

"파편이고 수수께끼며 끔찍한 우연을 창조하고 이들을 하나로 만들어 한데 합치는 것, 그것이 나의 창작이며 목적이다."(『차라투스트라는 이렇게 말했다』)

"주관이라는 원자는 없다. 주관의 영역은 계속 증대하거나 감소하며 그 체계의 중심점은 계속해서 변하고 있다. 주체가 알맞은 구조를 갖추지 못하면 그것은 두 부분으로 쪼개진다. 반면 주체는 더 약한 주체를 파괴하는 대신에 그것을 변형시켜 스스로의 하수인으로 만들고 어느 정도까지는 그것과 새로운 통일성을 이룩할 수 있다. 주체는 '실체'가 아니라 더 강해지려고 노력하고 그 자신을 단지 간접적으로만(즉, 자신을 초극함으로써) 보존하기 위해 노력하는 무엇이다."(『힘에의 의지』)

"그대는 자신을 지식의 대상으로서 간주하며 그대 자신이 모두 밝혀질 수 있다고 생각해야 하며 그러나 자신이 변화한다고 생각하면 안 된다. 진실성에 대한 요구는 인간의 불변성과 인식 가능성을 전제로 한다. 사실상 교육의 목표는 가축의 무리들에게 인간의 본성에 대한 확실한 신념을 갖도록 가르치는 것이 아닌가. 교육은 우선적으로 믿음을 주입시키고 그 다음에는 '진실성'을 요구한다."(『힘에의 의지』)

"그렇지만 어떻게 우리는 자신을 다시 발견할 수 있는가? 어떻게 인간이 자기 자신을 알 수 있는가? […] 젊은 영혼은 다음과 같은 물음을 던지면서 삶을 되돌아보아야 한다. 지금까지 너는 무엇을 진정으로 사랑했는가? 무엇이 너의 영혼을 높이 끌어올렸는가? 무엇이 너의 영혼을 지배했으며 또한 축복했는가? 그리고 그것들을 […] 네 앞에 세워놓아라. 그러면 그것들은 너에게 […] 너의 진정한 자아의 근본 법칙을 보여줄 것이다. 왜냐하면 너의 진정한 본질은 네 안에 깊이 묻혀 있는 것이 아니라 […] 네 위로 측량할 수 없이 높은 곳에 있기 때문이다. 자신을 발견하는

[…] 다른 수단들도 있겠지만, […] 자신의 교육자에 대해 생각하는 것보다 더 좋은 수단을 나는 알지 못한다.”(『반시대적 고찰』)

[해설]

우리는 흔히 우리가 하나의 통일적인 실체라고 생각한다. 이러한 통일적이고 불변적인 실체가 생각도 하고 행위도 한다는 것이다. 그러나 니체는 우리의 자아는 끊임없이 자신을 창조하고 형성하는 것이라고 본다. 니체는 우리가 자아를 생각할 때는 보통 그것이 자신을 형성하는 정신적 활동을 고려하지 않기 때문에 자아를 이미 통일된 하나의 실체라고 생각하게 된다고 보았다. 사실상 데카르트와 같은 사람은 의심, 이해, 긍정, 욕망, 저항감, 상상, 지각과 같은 정신적 활동들을 우리 자신의 자아로부터 분리할 수 있다고 보았다.

니체는 자아에 통일이 있다면 그러한 통일성은 다양한 정신적 활동들을 조직하고 일관성 있게 만드는 활동에서 찾아야 한다고 보았다. 이러한 활동의 통일성이 비로소 자아에 통일성을 부여하는 것이지, 우리가 흔히 생각하는 것처럼 하나의 단일한 자아가 우리에게 존재하는 모순적인 성향들을 통일하는 것은 아니다. 자아에 정체성을 부여하는 자아의 통일성은 주어진 것이 아니라 성취되어야 하는 것이며 출발점이 아니라 목표다.

자아는 사소한 과거는 잊어버리거나 그것을 유용한 자산으로 삼아야 한다. 우리는 과거가 자아에 미치는 영향을 심각하게 생각할 필요가 없다. 자아 자체는 부단히 변화하기 때문이다. 모든 개별적인 사건은 그것이 부단히 변화하는 자아 전체에 미치는 궁극적인 영향에 따라서 그 의미가 결정된다. 자아는 기존의 행동을 끊임없이 재해석하면서 자신을 창조해간다.

자아는 불변의 실체가 아닌데도 우리는 자아를 하나의 고정된 실체라고 생각하면서 그것이 무엇인지를 인식에 의해서 알아낼 수 있다고 본다. 그러나 자아가 무엇이고 무엇을 할 수 있는지는 자아의 자기 창조 활동에 의해서만 알려진다. 자아란 발견되는 것이 아니라 창조되는 것이다. 예를 들면, 괴테는 처음부터 괴테인 것이 아니라 자신을 괴테라는 하나의 인물로 창조해나간 것이다.

오르테가 이 가세트 역시 니체와 마찬가지로 우리의 자아는 미리부터 고정되어 있는 것이 아니라 삶의 계획에 의해서 구성된다고 말하고 있다. 우리가 우리의 진정한 존재, 우리의 인격, 우리의 자아라고 일컫는 것은 바로 우리가 지향하고 구현하려고 하는 삶의 계획이고 이상이라는 것이다. 이러한 삶의 계획과 이상에 해당하는 것을 전통 형이상학은 정신이나 혼과 같은 실체로 사유했다는 것이다. 오르테가 이 가세트는 이렇게 말하고 있다.

"나는 나의 육체가 아니다. 나는 나 자신이 육체를 갖고 있음을 감지하며 육체와 더불어, 즉 육체가 아름답든 추하든 육체가 병약하든 건강하든 존재하지 않으면 안 된다. 그러나 나는 나의 정신도 아니다. 나는 나 자신이 정신을 갖고 있음을 감지하며 그리고 나는 비록 정신이 의지력과 기억력을 결여하고 있고 탁월하지 못하다고 하더라도 삶의 목적을 위해서 정신을 사용하지 않으면 안 된다. 육체와 정신은 사물이다. 그러나 나는 결코 사물이 아니고 실현해야만 한다고 생각하는 것이 되려고 하는 부단한 투쟁이다."

이와 동일한 맥락에서 니체는 우리가 자신의 진정한 자아를 발견하는 방법으로, 자신이 본받고 싶은 사람이나 자신이 사랑하고 자신의 열정을 불러일으키는 이상을 떠올려볼 것을 추천하고 있다. 우리 자신의 진정한 본질은 우리 안에 깊숙이 묻혀 있는 것이 아니라 우리 위의 높은 곳에 있다는 것이다.

니•체•의•잠•언•과•해•설

제3장

건강한 인간을 찾아서

정념의 자유로운 지배

“정념의 극복? 이것이 의미하는 바가 정념의 약화나 절멸이라면 우리는 그것을 받아들여서는 안 된다. 오히려 정념으로 하여금 우리에게 봉사하도록 만들어야 한다. 이것은 또한 정념을 (개인적 차원에서만이 아니라 집단적, 민족적 차원에서도) 장기적인 폭정의 지배 아래 둔다는 것을 의미할 것이다. 이렇게 해서 마침내 정념은 다시 우리의 신뢰를 받는 가운데 자유를 얻게 된다. 곧 그것은 충실한 종으로서 우리를 사랑하며, 우리에게 가장 이로운 방향으로 자진해서 나아간다.”(『힘에의 의지』)

“정념을 약화시키거나 근절하지 말고 지배하라! 의지의 지배력이 커질수록 정념에 더 많은 자유가 주어진다.”(『힘에의 의지』)

“너는 너 자신의 주인, 또한 네 덕성의 주인이 되어야 한다. 예전에는 덕성이 너의 주인이었다. 하지만 그것은 다른 것과 마찬가지로 도구일 뿐이다. 너는 자신의 의사 결정의 주인이 되어야 하며, 상황에 따라서 더 높은 목표를 위해서 네 힘을 사용하는 법을 배워야 한다. 너는 모든 가치 판단을 할 때 미래를 지향하고 고려하는 것을 배워야한다."(『차라투스트라는 이렇게 말했다』)

"교회는, '욕망을 어떻게 정신화하고 아름답게 만들고 신적인 것으로 만들 수 있는가?'라고 절대로 묻지 않는다. 교회는 언제나 계율의 주안점을 (관능, 교만, 권력욕, 소유욕, 복수심 등의) 근절에 두었다. 그러나 정념을 뿌리에서부터 공격한다는 것은 삶을 뿌리에서부터 공격한다는 것을 의미한다."(『우상의 황혼』)

"너무나 의지가 박약하거나 너무나 타락해서 자신을 적절히 절제할 수 없는 사람들만이 … 거세나 절멸을 본능적으로 택한다."(『우상의 황혼』)

[해설]

성욕이나 명예욕 그리고 권력욕과 같은 정념은 보통 악의 원천으로 지탄을 받아왔다. 그러나 니체는 이러한 정념이야말로 바로 우리의 생명력의 원천이라고 보고 있다. 따라서 정념이 배제된 생명은 더 이상 생명이 아니라 죽은 것이며, 그러한 정념을 제거하고 근절하는 것은 그것이 아무리 미덕의 탈을 쓰고 있더라도 사람들의 생명력을 고갈시키고 병들게 하는 것이기 때문에 사실은 가장 큰 악덕이라는 것이다. 이러한 악덕은, 미덕의 원천으로서 강인하고 풍요로운 생명력을 가진 원초적인 악덕이 아니라 어떠한 긍정적인 가능성도 품고 있지 않은 죽음의 상태다.

이런 맥락에서 니체는 거대한 사악함이, 그러한 사악함의 원천이 되는 정념이 완전히 근절된 선함보다 더 바람직하다고 본다. 왜냐하면 그것은 가능성을 가지고 있기 때문이다. 거대한 죄악이 있는 곳에는 또한 거대한 활력과 거대한 힘에의 의지가 있기 때문에, 그것은 '자기 극복'을 통해서 더 높은 가능성을 낳는다는 것이다. 어떠한 덕도 그것이 미덕이 되기 위해서는 정념들을 제거하는 것이 아니라 그것들을 승화시키고 절도 있게 지배하는 것이 필요하다.

예를 들어서 경쟁이 인간의 마음을 황폐하게 만든다고 하여 사회주의 사회에서처럼 경쟁을 폐기할 때 그 사회는 생명력과 창조력을 결여하게 된다. 인류는 경쟁을 통하여 오늘날의 문화를 이룬 것이다. 경쟁의 폐기가 아니라 공명정대한 경쟁으로의 승화가 필요한 것이다. 니체는 전통적인 금욕주의적인 억압을 배격하면서 정념들의 해방을 말하지만 그렇다고 해서 그러한 정념을 야만적인 형태로 무분별하게 발산할 것을 주장하지는 않는다. 성욕과 같은 본능적인 욕망을 찬양하더라도 니체는 그것이 우리의 힘을 강화시키는 방식으로 구현될 때만 찬양하는 것이다. 니체는 정념의 근절이 아니라 그것을 자유롭게 지배하고 이용할 것을 주장하고 있는 것이다.

니체는 흔히 사랑이나 겸손, 양보나 이웃 사랑과 같은 전통적인 미덕을 폐기 처분하고 그 대신에 관능적 쾌락, 지배욕, 이기심과 같은 악덕을 조종하려는 사람으로 치부되어 왔다. 그러나 니체에게는 모든 가치의 원천은 힘에의 의지다. 즉, 미덕이든 악덕이든 그것이 인간의 생명력을 증대시키는 데 기여하면 그는 그것을 긍정하지만 그렇지 않으면 그것을 부정하는 것이다. 즉, 니체는 사랑이나 겸손, 양보나 절제와 같은 것이 힘에의 의지를 강화하는 데 도움이 된다면 그것들을 장려해야 한다고 보지만 그렇지 않으면 그것들은 폐기되어야 한다고 보는 것이다.

이러한 예로서 우리는 절제에 대한 니체의 해석을 고찰할 필요가 있다. 절제 자체가 자신의 생명력을 건강하면서도 풍요롭게 유지하기 위한 수단이 되지 않고, 그것 자체가 목적으로 추구될 경우에는 그것은 금욕주의적인 이상이 되어버리면서 억압적인 성격을 띠게 된다. 그러한 종류의 절제는 자신의 정념들에 대한 분별 있고 유연한 지배가 아니라 그러한 정념들에 대한 두려움에 사로잡혀서 그것들을 무분별하면서도 경직된 태도로 제압하려고 하는 것이다. 그것은 자신의 정념들에 대한 공격처럼 보이지만 사실은 그것들에 대한 두려움에서 비롯되는 과잉 방어다.

이런 의미에서 우리는 사랑이나 동정 그리고 절제 등의 전통적인 미덕들에 대한 니체의 비판을 그것들이 삶을 약화시키는 방식으로 나타나는 한에서만 그러한 덕들을 대한 비판하는 것으로 보아야 한다. 즉, 그러한 비판들은 그러한 덕들에 대한 조건부적인 비판이지 무조건적인 비판은 아닌 것이다. 니체는 동일한 미덕이라도 그것이 병약한 힘에의 의지에서 비롯되면서 사람들을 더욱 병약하게 하는 것일 수 있지만 건강한 힘에의 의지에서 비롯되면서 사람들을 더욱 건강하게 만들 수도 있다고 보았다.

니체는 우리가 이른바 사회적으로 통용되는 미덕의 노예가 되지 말고 그것의 주인이 될 것을 요구한다. 그것이 우리의 힘에의 의지에 봉사할 경우 우리는 그것을 기꺼이 우리가 실현해야 할 미덕으로 받아들이지만 그렇지 않을 경우에 우리는 그것을 과감히 폐기할 수 있어야 한다. 우리는 미덕 자체가 아니라 우리 자신을 존중해야 한다.

에로스를 제거할 것인가 지배할 것인가

"[어떤 것을] 악한 것으로 생각하는 것은 [그것을] 악한 것으로 만드는 것을 의미한다 ▸▸ 열정들이 악하고 음흉하다고 간주될 경우에 그것들은 악하고 음흉한 것이 된다. 이에 따라 그리스도교는 성적인 흥분이 일어날 때 신자의 양심 속에 가책을 불러일으키는 것을 통해서, 에로스와 아프로디테 — 위대한 이상적인 자격을 갖는 힘들 — 를 지옥의 요괴와 환영(幻影)으로 만드는 데 성공했다. 필연적이고 규칙적으로 일어나는 감각을 내적인 비참의 원천으로 만들고 이를 통해서 내적인 비참을 모든 인간에게 필연적이고 규칙적인 것으로 만드는 것은 끔찍한 일이 아닐까! 거기에다가 또한 이러한 비참은 비밀로 지켜지고 이 때문에 더욱 깊이 뿌리를 내리게 되는 비참으로 머문다. 왜냐하면 모든 사람들이 이 점에 관한 자신들의 그리스도교적인 음울함을 셰익스피어가 그의 14행시에서 했던 것처럼 고백할 용기를 갖고 있는 것은 아니기 때문이다. 도대체 우리가 싸워야만 하고 억제해야 하거나 사정에 따라서는 우리 머리에서 완전히 쫓아내야만 하는 것은 항상 악한 것으로 불려야만 하는가! 적을 항상 악한 것으로 생각하는 것은 비천한 혼이 하는 짓이 아닌가! 그리고 우리는 에로스를 적으로 불러도 되는가! 원래 성적인 감각은 동정과 숭배의 감각과 마찬가지로 한 인간이 자신의 즐거움을 통해서 다른 인간을 즐겁게 한다. 우리는 자연에서 이렇게 호의적인 현상들을 그다지 자주 접하지 못한다! 그런데 바로 그러한 것들을 모욕하고 양심의 가책을 통해서 망쳐버리다니! 인간의 출산을 양심의 가책과 결부시키다니! 결국 에로스를 이렇게 악마시하는 것은 일종의 희극적 종말을 맞게 되었다. '악마' 에로스는 에로틱한 모든 것들에 대한 교회의 귓속말과 비밀주의 덕택에 점차 모든 천사와 성자보다도 인간들의 관심을 끌게 되었다. 교회의 이러한 귓속말과 비밀주의는 우리 시대까지 영향을 미쳐서 연애 이야기가 모든 세상에 공통된 유일한 진정한 관심사가 되었다. 그것은 고대인들이 이해할 수 없을 정도로 과장되었고 이러한 과장은 후세에 언젠가는 웃음거리가 될 것이다. 우리의 시와 사상 전체는 최상의 것에서 가장 최저의 것에 이르기까지 연애 이야기가 주요한 이야기로서 등장할 정도로 과도한 중요성을 갖는 것을 통해서 특징지어지며 특징지어지는 것 이상이다. 아마 이 때문에 후세는 그리스도교의 문화 유산 전체에는 무언가 왜소하고 광기 어린 측면이 있다고 판단할 것이다."(『아침놀』)

"성자 ►► 여성에게서 도망하고 육체를 고문해야만 하는 사람들은 가장 감각적인 사람들이다."(『아침놀』)

"여성의 적 ▸▸ '여성은 우리의 적이다.' 남성으로서 이렇게 다른 남자들에게 말하는 사람은 자기 자신뿐 아니라 자신의 [충동을 만족시키는] 수단조차도 증오하는 억제할 수 없는 충동 때문에 그렇게 말한다."(『아침놀』)

"옳음과 한계 ▸▸ 금욕주의는 자신들의 감각적인 충동이 광포한 야수처럼 날뛰기 때문에 그것을 근절해야만 하는 사람들에게 적합한 사고 방식이다. 그러나 그것은 또한 오직 그러한 사람들만을 위한 사고 방식이기도 하다."(『아침놀』)

"환상적인 이상에서 우리가 추측할 수 있는 것 ▸▸ 우리의 결점이 존재하는 그곳에서 우리의 열광도 생긴다. '그대의 원수를 사랑하라!'는 열광적인 명제는 이제까지 존재했던 증오자들 중에서 최대의 증오자들이었던 유태인들에 의해서 발명되어야만 했다. 순결에 대한 가장 아름다운 찬미는 자신들의 청년기에 방탕하게 살았던 사람들에 의해 행해졌다."(『아침놀』)

[해설]

흔히 니체는 본능과 욕망을 마음대로 분출하는 방종과 모든 종류의 규범과 절도에 대한 반항을 선동하는 사상가로 알려져 있다. 방종과 방탕은 자신의 본능적인 정념들을 근절하려는 금욕주의와 마찬가지로 하나의 극단이다. 니체는 욕망과 본능의 승화와 절도 있는 지배를 가르치지 그것의 근절을 가르치는 것이 아니다.

성욕을 예로 하여 니체는 이렇게 말하고 있다. 그리스도교는 성욕을 악마로 간주하면서 사람들로 하여금 그것을 억압할 것을 요구했지만 오히려 사람들은 에로스에 대해서 은밀하게 더 큰 관심을 갖게 되었다. 아니 그것은 천사나 성자에 대한 관심을 넘어서 사람들의 유일한 관심사가 되어버렸다. 고대 그리스인들에게는 이성에 대한 사랑보다는 친구들 간의 우정이 훨씬 큰 의미를 가지고 있었던 반면에, 그리스도교가 지배하게 된 이후의 서양에서는 이성에 대한 사랑이 거의 병적이라고 할 정도로 관심의 대상이 되었다는 것이다.

니체는 성적인 충동을 악으로 간주하는 것은 자신의 성욕을 적절히 지배하지 못하는 연약한 인간들의 비겁함에서 비롯된다고 말하고 있다. 이는 어떤 것이 우리를 위협하지만 우리가 그것을 지배하지 못할 때 우리는 그것에 대해서 적개심을 느끼고 그것을 증오하면서 악으로 간주하게 되는 것과 마찬가지다. 그러나 이 경우 우리는 우리가 그것을 지배하지 못하기 때문에 그것을 악이라고 부를 뿐이라고 솔직하게 말하지 않고, 우리는 선하지만 그것이 우리를 이유 없이 자극하고 위협하기 때문에 그것을 악이라고 부른다고 말한다. 이 점에서 성적인 충동을 악마시하는 사람은 자신에 대한 지배력을 상실했을 뿐 아니라 자신에 대한 기만을 일삼는 자라는 점에서 비천한 영혼의 소유자다.

니체가 보기에는 성 행위는 한 인간이 자신의 즐거움을 통해서 다른 인간을 즐겁게 하는 드물게 좋은 행위다. 아울러 성 행위를 통해서 우리가 탄생하며 생명이 시작된다는 사실을 고려하면, 성 행위를 악마시하는 것은 탄생과 생명에 대한 모욕이다.

새로운 긍지의 필요성

“제동기(制動機) ▸▸ 도덕적으로 괴로워하면서도 이러한 종류의 괴로움의 근저에는 오류가 있다는 말을 듣는 것, 이것이 우리를 분노하게 한다. 사람들은 괴로움을 겪는 것을 통해서 그 외의 다른 세계보다도 ‘더 깊은 진리의 세계’를 긍정하게 된다고 생각하면서 자신을 위로한다. 이러한 위로는 극히 독특한 위로다. 사람들은 차라리 괴로워하기를 바라며 (이와 함께 저 ‘더 깊은 진리의 세계’에 접근하게 되었다는 의식을 통해서) 자신이 현실을 초월하여 숭고해졌다고 느끼기를 원한다. 사람들은 괴로움이 없고 이에 따라 숭고감도 느낄 수 없는 상태보다는 오히려 괴로워하기를 바라는 것이다. 그러므로 도덕에 대한 새로운 이해에 저항하는 것은 저 긍지며 이러한 긍지를 만족시키는 습관적인 방식이다. 이러한 제동기를 제거하기 위해서 우리는 어떤 힘을 사용해야만 할까? 더욱 많은 긍지인가 새로운 긍지인가?”(『아침놀』)

[해설]

사람들은 사실상 허구적인 공상을 추구하면서도 자신들이야말로 신이나 이데아와 같은 신성한 실재를 지향하고 있다고 착각하면서, 자신들이야말로 세속에 빠져 있는 천박한 인간들에 비해서 심오한 진리를 파악하고 있는 자들이라고 생각한다. 신과 이데아에서 비롯되는 도덕적인 명령을 완전하게 구현하지 못하고 있다는 것에 대해서 끊임없이 죄의식을 느끼면서도, 자신들이야말로 숭고한 진리를 구현하려고 하는 자들이라고 자부하는 것이다. 니체는 이러한 그릇된 자부심이야말로 우리가 새로운 도덕을 모색하는 것을 방해한다고 본다. 니체는 이러한 그릇된 긍지에 대해서 새로운 긍지, 우리가 삶을 긍정하고 건강한 삶을 꾸려나가는 것을 가능하게 하는 긍지가 필요하다고 말하고 있다.

천민이란 자신을 통제할 수 없는 인간이다

"네로와 칼리굴라가 왕좌에 앉아 있었을 때 최하의 인간이 정상의 인간보다 가치 있다는 역설이 생겼다."(『반그리스도』)

"그것이 야기할 관대하거나 동정적인 혹은 적대적인 결과와는 아랑곳없이 맹목적으로 정열에 탐닉하는 것은 가장 커다란 악의 원인이다. 인간의 위대성은 이러한 정열을 소유하지 않는 데 있는 것이 아니라, 이것을 통제하는 데에 있다."(『힘에의 의지』)

"오직 타락한 자들만이 파괴, 거세, '그리고 여타의 그와 같은 폭력적 수단들'을 불가피한 것으로 '간주한다'. 왜냐하면 그들은 절도를 지키기에는 너무나도 의지가 박약하기 때문이다."(『우상의 황혼』)

"'자연적인 음'에 대한 숭배 ▸▸ 우리의 문화가 고통의 표현에 대해서, 눈물, 비탄, 비난, 격분 혹은 비하의 태도에 대해서 관대할 뿐 아니라 그것들을 시인하고 더 고상하고 불가피한 것들에 속하는 것으로 간주하는 것은 무엇을 의미하는가? 이에 반해 고대 철학의 정신은 그것들을 경멸의 눈으로 바라보았고 그것들에 어떠한 필연성도 인정하지 않았다. […] 우리의 근대 문화에는 어쩌면 '철학'이 결여되어 있는 것은 아닐까? 저 고대의 철학자들의 평가에 따르면 우리는 아마 모두 천민에 속하는 것이 아닐까?"(『아침놀』)

"감상적인 자들과 순진한 자들 ▸▸ [자신의 연기를 보고] 관객이 가슴을 치고 자신을 비참하고 비소하다고 느끼게 되는 것을 상상하는 즐거움 때문에 자신을 애절하게 보일 수 있는 어떠한 기회도 놓치지 않는 것은 심히 천박한 습관일 수 있다. 따라서 애절한 상태를 조롱하거나 그러한 상태에서 품위에 어울리지 않게 행동하는 것은 고귀한 마음의 표시일 수 있다. 프랑스의 옛 군인 귀족은 이러한 종류의 고귀함과 세련됨을 지니고 있었다."(『아침놀』)

"도덕성에 깃들은 '자연성'은 자유방임과 절대적인 자유를 증오하도록 가르치며, 제한된 지평선과 가장 근시적인 임무에 대한 필요성을 주입시킨다. 즉, 삶과 성장의 조건으로서 우리의 관점을 좁히도록, 어떤 점에서 본다면 어리석음을 가르치는 것이다."(『선악의 저편』)

[해설]

사람들은 니체를, 모든 제약과 구속을 부수고 맘대로 살라고 외치는 사람으로 생각한다. 절도와 절제, 자기 훈련에 대해서 이야기하는 니체를 사람들은 의외로 생각한다. 그러나 니체는 힘의 고양과 힘의 강화를 말하고 있지 방종과 방탕을 말하는 것은 아니다. 네로, 칼리굴라, 연산군 같은 사람은 외관상으로는 지배자지만 실질적으로는 자신의 정념들을 통제하지 못하는 천민이었다. 사람들에 대한 이들의 폭압은 사실은 사람들에 대한 두려움의 징표였다. 자기 주위의 사람을 정신적으로 압도하지 못함으로써 두려움에 사로잡혀 있었던 이들은 물리적 폭력을 통해서 사람들을 압도하려고 했지만 자신들의 두려움은 극복할 수 없었다. 이들의 폭압 정치는 사람들에 대한 두려움에서 비롯된 과잉 반응이었다.

이러한 정신적인 천민들이 지배하게 되었을 때 사람들은 왕이나 귀족보다도 서민이나 민중이 더 고귀한 존재라고 생각하게 되었다. 이러한 비판은 현대의 자본주의 사회에서도 타당할 것이다. 현대의 지배자들이라 할 수 있는 부유층이나 기업 경영자들 중 많은 사람들이 물신이나 향락의 노예가 되어 있다. 이들은 외적으로는 다른 사람들 위에 군림하지만 물질과 향락에 대한 자신의 욕망은 제어하지 못하고 있다.

이런 맥락에서 니체는 비탄, 고통, 도취와 같은 정념을 과잉으로 표현하는 당시의 낭만주의적 문화에 대해서 비판하고 있다. 이러한 감정 과잉은 감정이 풍부하다는 것을 의미하는 것이 아니라 자신의 정념을 다스릴 힘을 상실했다는 것을 의미한다.

절 제

“숨어 있는 사람들 ▸▸ 자신들의 황홀한 마음마저도 단단히 붙잡아 억제하면서 절도라는 순결을 잃는 것보다는 차라리 침묵을 택하는 저 사람들을 아직 본 적이 없는가? 그리고 인정받으려 하지 않고 모래에 찍힌 자신들의 발자국을 거듭해서 지우고, 숨어 지내기 위해서 다른 사람들과 자기 자신에 대해서 기만하는 자로 존재하는 저 불편하지만 흔히 너무나 좋은 본성을 가진 사람들을.”(『아침놀』)

“드문 절제 ▸▸ 다른 사람을 판정하려고 하지 않고 그 사람에 대해서 생각하는 것을 삼가는 것은 흔히 인간미의 작지 않은 표시다.”(『아침놀』)

[해설]

니체가 요구하는 절제란 상당히 철저한 것이다. 그것은 아무리 황홀한 도취라 하더라도 그것에 휩싸이지 않고 또렷하게 깨어 있는 정신 상태를 유지하는 것을 의미한다. 그리고 그는 타인들의 인정에 연연해하지 않는 독립성을 유지한다. 타인의 인정과 찬사를 받으려는 욕구도 우리가 극복해야 할 하나의 정념에 불과한 것이다.

아울러 니체는 우리가 다른 사람들을 판정하지 않고 그 사람을 마음속에서까지도 평가해서는 안 된다고 말하고 있다. 다른 사람들을 판정하고 평가하려는 것은 타인과의 비교를 통해서 자신에 대한 인정을 얻으려는 욕구에서 비롯되는 것이며, 그것 역시 사실은 타인에게서 인정을 받고 명예를 얻으려는 욕구의 하나인 것이다. 그는 묵묵히 자신의 정염들의 주인이 되어 자신의 충만하고 자유로운 자아를 즐길 뿐이다.

우아한 인간

"가장 위대한 인간이란 가장 다양한 충동을 견딜 수 있는 인간이다. 인간이라는 '식물'이 가장 잘 성장한 곳에서 우리는 가장 강하게 상충하면서도(셰익스피어의 예를 생각하라) 잘 통제된 본능을 발견한다."(『힘에의 의지』)

"우아함의 추구 ▸▸ 강한 성격의 소유자가 잔인한 성향을 갖지 않고 언제나 자신에 사로잡혀 있지 않다면, 그는 자신도 모르게 우아함을 추구한다. 이것이 그의 표지다. 이에 대해 약한 성격의 소유자들은 가혹한 판단들을 좋아한다. 그들은 인간을 경멸하는 영웅들과 존재를 종교적으로 혹은 철학적으로 비방하는 사람들과 사귀게 되거나 엄격한 윤리와 고통스런 '소명(召命)'의 배후에 틀어박힌다. 이를 통해서 그들은 하나의 성격과 일종의 강함을 창조하려고 노력한다. 그리고 그들은 이것도 똑같이 자신도 모르게 행하는 것이다."(『아침놀』)

"우아함의 결여 ▸▸ 그에게는 우아함이 결여되어 있고 그는 그러한 사실을 알고 있다. 오, 그는 이것에 가면을 씌우는 방법을 얼마나 잘 알고 있는지! 엄격한 덕을 통해서, 음울한 시선을 통해서, 인간들과 삶에 대한 습득된 불신을 통해서, 노골적인 익살을 통해서, 좀더 세련된 생활 방식에 대한 경멸을 통해서, 격정과 요구에 의해서, 냉소적인 철학을 통해서. 참으로 그는 자신의 결함을 끊임없이 의식하는 것을 통해서 하나의 특색 있는 인물이 된 것이다." (『아침놀』)

"동맹 관계에 있는 위엄과 무지 ▸▸ 우리가 정통해 있는 경우에는 우리는 겸손하며 행복감을 느끼고 독창적이 된다. 우리가 충분히 배웠고 우리의 눈과 귀를 충분히 연 경우에는 어떤 경우든 우리의 영혼은 더 유연함과 우아함을 보이게 된다. 그러나 우리가 거의 파악하지 못하고 제대로 배우지 못한 경우에는 우리가 어떤 사태를 포용하면서 자신을 사랑스런 존재로 만드는 것이 어렵게 된다. 오히려 우리는 도시, 자연, 역사를 무뚝뚝하면서도 무감각하게 통과하면서 이러한 태도와 차가움이 마치 탁월함의 결과인 것처럼 그것들에서 약간의 자랑을 느끼게 된다. 그뿐 아니라 우리의 무지와 빈약한 지식욕은 자신을 위엄과 성격으로 가장하면서 거만하게 걷는 법에 정통해 있다."(『아침놀』)

"양심적인 사람들 ▸▸ 그대들은 어떤 종류의 인간들이 가장 엄격하게 양심을 지키는 것을 가장 가치 있게 여기는지에 대해 주목한 적이 있는가? 그들은 자신 안에서 많은 비참한 감각들을 의식하고 자신과 타인들에 대해서 불안해하고 자신의 내면을 가능한 한 숨기려고 하는 사람들이다. 그들은 양심과 의무를 엄격하게 지키는 것을 통해서 다른 사람(특히 부하)이 그로부터 받게 될 것임에 틀림없는 엄격하고 가혹한 인상을 통해서 자기 자신에게 외경의 염을 일으키게 하려는 것이다."(『아침놀』)

[해설]

니체는 근엄한 인간이 아니라 우아한 인간이 될 것을 주창하고 있다. 우아한 인간이란 자신의 다양한 충동들에 대해서 적절한 지배력을 소유하고 있어서 내적으로 평온하고 자신에 대해서 긍지를 갖고 있는 인간이다. 그는 이렇게 자신에 대해서 긍지를 갖고 있기에 구태여 외부에 자신을 그럴 듯하게 포장하면서 타인들을 압도하려고 할 필요를 느끼지 않는다. 그는 자신의 충동을 지배할 수 있는 힘이 있기에 매사에 유연하고 여유 있게 행동한다. 그는 보통 사람에게는 공포스런 상황에서도 자신의 공포에 대한 지배력을 소유하고 있기 때문에 유머와 재치를 잃지 않는다. 그는 어떠한 상황에서도 모든 것에 자신을 열고 그것을 자신의 성장에 필요한 방식으로 적절하게 수용한다.

자신의 충동을 절도 있게 지배하지 못하는 자들이 오히려 엄격한 양심이나 의무 그리고 고상한 이상을 내세울 수 있다. 그들은 이러한 양심이나 의무를 엄격하게 지키는 것을 통해서 다른 사람들의 외경심을 불러일으키려고 한다. 그러나 이는 사실은 자신의 충동을 적절하게 통제하지 못하는 내적인 허약함을 위장하려는 몸부림이며, 자신에게 결여되어 있는 자긍심을 타인의 인정을 통해서 보완하려는 몸부림이다. 이들은 자기 내부에서 절도 있는 지배력과 조화를 확보하고 있지 않기 때문에, 외부에 대해서 자신을 과시하고 자신을 강요하는 권위적이고 경직된 태도를 보이게 된다.

에픽테토스♣

"노예와 이상주의자 ▸▸ 에픽테토스적인 인간은 현재 이상을 추구하는 인간들의 취미에는 분명히 맞지 않을 것이다. 그의 본성의 지속적인 긴장, 지칠 줄 모르고 내면으로 향해진 시선, 그 눈이 일단 외부 세계로 향해질 경우 그 눈의 닫혀져 있음, 신중함, 자신을 알리지 않음, 더 나아가 침묵 혹은 짤막한 말. 이 모든 것이 가장 엄격한 용기의 징표들이다. 이것은 무엇보다도 확장을 열망하는 우리의 이상주의자들에게 무엇을 의미할 것인가? 그 모든 것에 덧붙여서 에픽테토스 인간은 광신적이지 않다. 그는 우리의 이상주의자들의 과시와 허풍을 혐오한다. 그의 자부심은 아무리 커도 다른 사람들을 방해하려고 하지 않으며, 일정한 부드러운 접근을 허용하며, 다른 사람의 좋은 기분을 망치기를 원하지 않는다. 그렇다. 그는 미소 지을 수 있다! 이러한 이상에는 너무나 많은 고대적인 인간성이 존재한다! 그러나 그의 가장 큰 미점은 그에게는 신에 대한 불안이 전혀 없다는 것이며, 그가 이성을 철저하게 신봉한다는 것이며 참회를 권유하는 자가 아니라는 것이다. 에픽테토스는 노예였다. 그의 이상적인 인간은 신분이 없었으며 모든

♣ 에픽테토스에 대해서는 62쪽 각주를 참조할 것.

신분에서 가능했다. 그러나 이 이상적인 인간은 전반적인 노예 상태에서도 조용하게 자족하는 인간으로서 무엇보다도 비천한 대중에서 찾아져야만 할 것이다. 그는 외부에 대해서 자신을 지키며 최고의 용기를 유지하는 자다. 그리스도교도와 그는 무엇보다도 다음과 같은 점에서 구별된다. 즉, 그리스도 교인은 희망 속에서, 즉 '형언할 수 없는 영광'이라는 위안 속에서 산다. 그는 선물을 받으며 최상의 것을 자신으로부터가 아니라 신적인 사랑과 은총으로부터 기대하며 받아들인다. 이에 반해 에픽테토스는 희망하지 않으며 자신의 최상의 것을 선물로서 받지 않는다. 그는 그것을 소유하며 그것을 자신의 손에 용감하게 쥐고 있다. 세계 전체가 그것을 그에게서 빼앗으려고 할 경우에 그는 세계 전체와 싸운다. 그리스도교는 고대의 다른 종류의 노예들, 즉 의지와 이성이 약한 노예들, 다시 말해 대다수의 노예들을 위해서 만들어졌다."(『아침놀』)

[해설]

니체는 노예면서도 자유롭고 우아한 인간이 될 수 있다고 말하면서 그러한 인간의 전형으로서 에픽테토스를 거론하고 있다. 그는 철저하게 현실에 뿌리박고 있으면서도 그렇다고 해서 자신의 처지에 체념하거나 비탄하지도 않는다. 그는 신을 믿지 않고 자신의 이성에 철저하게 의존하면서도 항상 평온한 마음과 여유 그리고 미소를 잃지 않는다. 그는 자신에 대한 긍지와 자부심 그리고 용기를 가지면서도 다른 사람들에게 간섭하지 않으며 다른 사람들의 부드러운 접근을 허용한다.

이에 대해 그리스도 교인은 현세에서 자족하는 것이 아니라 피안에 대한 희망 속에서 살며, 자신의 행복을 자신으로부터가 아니라 신적인 사랑과 은총에 의해서 주어지는 것으로 본다. 이런 의미에서 그리스도교는 의지와 이성이 약한 노예들을 위한 종교다.

에픽테토스가 보기에는 그리스도 교인들이 갖는 천상과 신의 은총에 대한 희망은 자신들의 비참한 처지에서 벗어나고 싶어하는 욕망에서 비롯되는 허황된 것에 불과하다. 이러한 그리스도 교인들과는 달리 에픽테토스는 자신의 행복이 외부로부터 선물과 은총으로서 주어지기를 희망하지 않고 그것을 이미 소유하고 있으며 그것을 자신의 손에 용감하게 쥐고 있다. 세계 전체가 그것을 그에게서 빼앗으려고 할 경우에 그는 세계 전체와 싸운다.

아울러 그는 칸트나 헤겔과 같은 이상주의자들처럼 순수한 도덕률이나 절대 정신 따위에 대해서 말하지 않는다. 그는 자신의 정열들을 자유롭게 통제하고 있으며 그것들의 주인으로 존재할 뿐이다. 니체는 정염과 완전히 무관한 순수 정신이나 신적인 절대 정신 따위는 자신들의 정열을 극복하지 못한 인간들이 고원한 이상을 내세움으로써 자신을 과시하려는 허풍에 불과하다고 본다.

기품 있는 인간

"나는 더욱 남자답고 전투적인 시대, 무엇보다도 용맹이 다시 존경받는 시대가 다가오고 있음을 알려주는 모든 징조를 환영한다. 왜냐하면 그 시대는 더 고귀한 시대를 위한 길을 준비하고, 고귀한 시대가 언젠가는 필요로 하게 될 힘을 모을 것이기 때문이다. 고귀한 시대는 영웅주의를 인식하고, 사상과 그 결과물들을 위해 전쟁을 벌일 것이다. 그 목적을 이루기 위해서 지금 수많은 용맹스러운 개척자들이 필요하다. [...] 다시 말하면 침묵할 줄 아는 자, 고독해질 줄 아는 자, 결단을 내릴 줄 아는 자, [...] 어떤 것을 보더라도 그 안에서 극복되어야 할 것들을 찾아내는 성향을 타고난 자, 승리에 임해서 관용을 베풀고 패배한 자의 작은 허영심에 너그러울 뿐 아니라 생기발랄하며 인내심이 있고 단순하며 거대한 허영심을 경멸하는 자, [...] 자신을 위한 축제, 자신을 위한 노동의 나날들, 자신을 위한 애도식을 하는 자, 명령할 때는 능숙하고 확신에 차 있지만 필요하다면 기꺼이 복종할 준비가 되어 있는 자, 명령할 때나 명령받을 때나 그 자신의 명분을 위해 종사하며 그래서 자긍심을 가진 자, 더 많은 위험에 처했고 더 많이 생산적이며 더 많이 행복한 자! 그러므로 나를 믿으라! 존재를 최대한 풍요롭게 실현하고 최대한 만끽하는 비밀은 바로 이것이다. 위험하게 살아라! 베수비오 화산의 비탈에 너의 도시를 세워라! 지도에 표시되어 있지 않은 대양으로 너의 배를 띄워라! 네 자신에 필적할 만한 자들과의 대립 속에서, 그리고 무엇보다도 네 자신과의 대립 속에서 살아라! 정녕 네가 지배자나 소유자가 될 수 없거든 강도와 약탈자가 되어라, 그대 지식인들이여! 겁먹은 사슴처럼 숲 속에 숨어사는 것에도 만족할 수 있는 날들은 이제 곧 지나갈 것이다!"(『즐거운 학문』)

"정신이 궁핍한 자들을 돕는 것 ▸▸ 아! 다른 사람에게 자신의 사상을 강요하는 것은 나에게 얼마나 혐오스러운 것인지! 다른 사람의 사상이 나의 사상을 압도할 경우의 기분과 은밀한 변화를 나는 얼마나 기뻐하는지! 그러나 가끔 더 고차적인 축제가 있다. 이때는 내가 고해 신부처럼 나의 정신적인 집과 재산을 선사할 수 있을 때다. 이 고해 신부는 구석에 앉아서 다음과 같은 것을 열망한다. 즉, 궁핍한 자가 찾아와 고해 신부가 그의 손과 마음을 충만하게 해주고 불안한 혼을 달래주기를 바라면서 자신의 사상의 곤궁에 대해서 이야기하는 것을. 그는 그것으로 어떠한 명성도 얻기를 바라지 않을 뿐 아니라 감사조차도 받기를 원하지 않는다. 왜냐하면 감사는 성가신 것이고 고독과 침묵에 대한 경외를 결여하고 있기 때문이다. 이름도 없고 자칫하면 경멸당하면서 살아가고, 시기나 적의를 불러일으키기에는 너무 비천하며, 맑은 머리와 한 줌의 지식과 한 자루에 가득 찬 경험으로 이른바 정신이 가난한 자들을 도울 것, 여러 의견들에 의해서 뒤죽박죽이 된 머리를 가진 이런저런 사람들을 그들이 누가 도왔는지도 알아채지 못하게 도울 것! 그러한 사람들에 대해서 권리를 주장하거나 승리를 축하하려고 하지 않고, 오히려 그들이 눈에 띄지 않는 약간의 암시나 반박 후에 올바른 것을 스스로 말하고 이에 대해서 긍지를 품고 앞으로 나아가도록 그들에게 말할 것! 궁핍한 사람을 내쫓지 않지만 나중에는 잊혀지든가 조소당하는 싸구려 여관처럼 존재할 것! 아무런 특권도 갖지 않고 더 좋은 음식이나 더 맑은 공기, 더 기쁜 정신도 갖지 않고 오히려 주고, 돌려주고, 나누고, 더욱 가난하게 될 것! 많은 사람들이 접하기 쉽고 어느 누구도 굴욕감을 느끼지 않도록 비천해질 수 있을 것! 많은 숨겨진 혼들에게 그들의 은밀한 길들을 통해서 도달할 수 있기 위해서 많은 부당함을 감수하고 모든 종류의 오류의 벌레 구멍을 통해서 기어갈 것! 항상 일종의 사랑 가운데 존재하고 항상 이기심과 자기 향락 가운데에 존재할 것! 어떤 지배권을 소유하면서도 동시에 숨어 있고 포기하면서 존재할 것! 끊임없이 우아함이라는 태양과 부드러움 속에 누워 있고 숭고한 것으로의 계단이 가까이 있다는 사실을 알 것! 이것이 바로 인생이리라! 이러한 인생이라면 오래 살 필요가 있다!"(『아침놀』)

“귀족의 미래 ▸▸ 고귀한 신분을 가진 사람들의 거동에서는 힘에 대한 의식이 그들의 사지(四肢) 안에서 끊임없이 매력적인 유희를 하고 있다는 사실이 표현된다. 따라서 귀족적인 습관을 가진 인간은 남성이든 여성이든 완전히 탈진한 것처럼 안락의자에 털썩 주저앉는 것을 좋아하지 않는다. 다른 모든 사람들이 자신들을 편안하게 해도, 예를 들어 기차를 여행할 때 의자에 등을 기대더라도 그는 그렇게 하지 않는다. 그는 궁정에서 몇 시간씩 서 있어도 피곤하지 않은 것처럼 보인다. 그는 자신의 집을 편안하게 정돈하지 않고 더 커다란(또한 더 키가 큰) 존재의 처소인 것처럼 광대하고 장중하게 만든다. 그는 도전적인 말에 대해서도 침착과 정신의 쾌활을 잃지 않고 대답한다. 그는 서민들처럼 기가 질리거나 압도되거나 부끄러워하거나 숨이 막히지 않는다. 그는 항상 강한 육체적인 힘을 소유하고 있는 것과 같은 외관을 유지할 수 있다. 이와 마찬가지로 그는 곤경에 처해서도 쾌활함과 친절함을 끊임없이 유지함으로써 자신의 혼과 정신이 위험과 기습을 견뎌낼 수 있다는 인상을 유지하기를 원한다. 고귀한 문화는 정열이라는 점에서는 열정적이고 자존심이 센 말을 스페인풍의 보조로 가게 하면서 희열을 맛보는 기수를 꼭 닮았다.—루이 14세의 시대를 떠올려보라.—혹은 고귀한 문화는 말도 기수도 정신을 잃을 정도로 말이 자신 아래서 질풍처럼 내달리는 것을 느끼면서도 오히려 바로 그때 머리를 높게 쳐들고 희열을 만끽하는 기수를 꼭 닮았다. 두 가지 경우 모두에서 고귀한 문화는 힘을 호흡한다. 그리고 이 문화의 관습들이 매우 자주 단지 힘의 감정의 외관만을 요구할지라도 이러한 유희가 고귀하지 않은 자들에게 주는 인상과 고귀하지 않은 자들이 이러한 인상에 대해서 반응하는 모습에 의해서 우월감이 실제로 지속적으로 증대한다. 우월감에 입각한 고귀한 문화가 갖는 이 의심할 여지없는 행복은 현재 훨씬 더 높은 단계로 상승하기 시작하고 있다. 모든 자유 정신들이 노력한 덕택에 귀족으로서 태어났고 교육받은 자가 인식의 교단에 들어가 거기에서 더 높은 정신적인 영감을 받고 지금까지보다도 더 높은 기사의 의무를 배우며, 그리고 바로 현재 도래하려는 시대와는 달리 아직 일찍이 어떤 시대도 양심의 거리낌 없이 자기 앞에 내걸 수 없었던 승리를 거둔 저 지혜를 올려다보는 것이 허용되고 있고 더 이상 치욕적인 일이 아니기 때문이다. 마지막으로 정치에 종사하는 것이 날이 갈수록 더욱더 천박한 것으로 보이고 있다면 도대체 귀족은 장차 무엇에 종사해야만 하는가?"(『아침놀』)

"네 가지의 미덕 ▸▸ 우리 자신과 평소에 우리의 친구인 자에 대한 성실, 적에 대한 용기, 패자에 대한 관용, 항상 공손할 것. 이 네 가지의 주요한 덕은 우리가 그렇게 존재하기를 원한다."(『아침놀』)

[해설]

니체의 사상이 지향하는 것은 무엇일까? 어떤 사람들은 니체가 다양성과 차이를 주창한다고 하고 어떤 사람은 삶에 대한 디오니소스적인 긍정을 말한다고 한다. 이러한 견해들 역시 틀린 것은 아니지만, 니체 철학이 전체적으로 지향하는 것을 제대로 짚어낸 것은 아니라고 생각한다.

니체의 철학을 전체적으로 볼 때 그가 궁극적으로 지향한 것은 대중과 민주주의가 지배하게 되면서 망각되어가고 있는 귀족적인 덕들을 다시 회복하는 것이었다고 생각된다. 다양성과 차이를 존중하는 것도 그리고 삶에 대해서 디오니소스적 긍정을 취하는 것도 니체가 구현하려고 한 귀족적인 덕의 예들이라고 생각한다. 바로 이 때문에 니체는 자신의 철학을 브란데스가 '래디컬한 귀족주의'라고 규정했을 때 그러한 규정을 흔쾌히 받아들일 수 있었다.

니체가 생각하는 이러한 귀족적인 덕이란 그리스도교에 의해서 이미 어느 정도 침윤된 서양 중세의 기사도적인 덕이 아니라 고대 그리스와 로마의 귀족적인 덕이다. 이러한 귀족적인 덕의 요체로 니체는 우리의 친구에 대해서는 성실하고 정직하되 적에 대해서 용감하지만 패자에 대해서는 관대하고 항상 공손할 것을 제시하고 있다. 니체가 이러한 덕을 주창하는 것은 이러한 덕이 그 자체로서 추구되어야만 하는 선이기 때문이 아니라 이러한 덕을 실현하는 것만이 우리에게 정신적으로 건강한 삶을 부여하기 때문이다.

니체는 세계를 피안과 차안으로 나누는 플라톤적인 형이상학과 그리스도교의 지배 이래로 서양인들의 삶은 병적이고 천박하게 되었다고 본다. 이러한 현실은 플라톤적인 형이상학과 그리스도교가 붕괴한 현대에서도 마찬가지다. 플라톤적인 형이상학이나 그리스도교는 피안이나 피안의 신에게 의존한 반면에, 현대인들은 국가나 이데올로기 혹은 물신(物神)에 의존한다. 플라톤적인 형이상학이나 그리스도교가 지배했을 때 사람들은 현실에서 자신들이 느끼는 비참함을 피안에 대한 열렬한 희구에 의해서 극복하려고 했다면, 현대인들은 자신들이 느끼는 비참함을 국가나 이데올로기 혹은 물신에 대한 열렬한 의존을 통해서 극복하려고 한다.

이에 반해서 기품이 있는 자는 어떠한 어려운 상황에서도 피안이나 국가 혹은 이데올로기나 물신과 같이 자기 외부의 것에 의존하지 않고 자신의 힘으로 우뚝 서 있으면서도 쾌활함과 밝음을 유지한다.

그는 남들을 돕더라도 이들의 감사나 인정을 기대하지 않고 돕는다. 그것들을 기대하고 그것들에 연연해하는 것은 그것들에 자신을 예속시키는 것이기 때문이다.

강한 인간의 전형 : 괴테

"괴테 ▸▸ 자연으로의 회귀를 통해, 르네상스 시대의 자연성으로의 회귀를 통해 18세기를 극복하려는 원대한 시도이자, 18세기의 시각으로 볼 때는 일종의 자기 극복. [⋯] 그는 자신을 삶으로부터 분리시키지 않고 그 안에 머물렀다. [⋯] 그리고 가능한 한 많은 것들을 자신에게, 자신의 위에, 자신의 내부에 받아들였다. 그가 원했던 것은 전체성이었다. 그는 이성, 감성, 감정, 의지의 분리에 맞서 싸웠다. [⋯] 그는 모든 것을 갖춘 자가 되기 위해 자신을 단련시켰으며, 자기 자신을 창조해냈다. 괴테가 마음속에 그린 것은 강하고 교양이 높은 인간이었다. 이 인간은 자신을 통제하고 존중하면서 자연의 모든 범위와 풍요로움을 과감하게 허용하는 인간, 이런 자유를 누릴 수 있을 만큼 충분히 강한 인간, 평균적인 인간에게는 파괴를 가져올 것을 자신에게 이롭게 이용하는 법을 알고 있기 때문에 약함이 아니라 강함에서 비롯되는 관용을 가진 인간, 약함(이것이 악덕이라고 불리든 미덕이라고 불리든)을 제외하고는 그 어떤 것도 금지되어 있지 않은 인간이다. — 이렇게 해방되어 있는 정신은 모든 것을 기뻐하고 신뢰하는 운명론을 간직한 채 우주의 중심에 서 있다. 분리되고 개별적인 것은 거부될 것이며, 모든 것은 전체성 속에서 구원받고 긍정된다는 믿음으로. ― 그는 더는 부정하지 않는다. … 그러나 이런 믿음은 인간이 가질 수 있는 믿음 가운데 최고의 믿음이다. 나는 그 믿음에 디오니소스라는 이름을 주었다."(『우상의 황혼』)

[해설]

우리가 흔히 강한 인간으로 진시황이나 칭기즈칸처럼 다른 사람들에게 자신의 의지를 폭력적으로 강요하는 사람들을 떠올리는 반면에, 니체는 강한 인간의 전형을 괴테에게서 발견했다. 니체가 괴테를 강한 인간으로 보는 것은 그가 전체성을 구현했기 때문이다. 그는 이성, 감정, 의지의 분리에 맞서서 싸웠으며 자신의 모든 충동과 본능들을 억압하지 않았으며 그렇다고 해서 그것들의 노예가 되지도 않았다. 그는 자신의 과거와 자신의 현재에서 경험하는 모든 것들을 배척하지 않았으며 그렇다고 해서 그것들을 억압하지 않았고 그것들에 굴복하지도 않았다. 그는 모든 경험들과 경험을 가능케 한 모든 것을 결합하여 이들 중의 하나라도 빠지면 모든 전체가 와해될 정도로 완벽하게 통일된 하나의 전체를 만들었으며, 이러한 전체적인 조화 안에서 생동감이 넘치는 평온을 항상 유지했다.

그렇다고 하여 괴테의 인생에 쓰라림과 충격이 없었던

것은 아니다. 예를 들어 그는 자신보다 앞서서 자식들이 죽는 것을 경험했어야만 했다. 인간들이 겪을 수 있는 최대의 슬픔은 자식의 죽음이라고 하지 않는가? 그는 보통의 인간에게는 파괴적으로 작용할 수 있는 이러한 체험도 자신의 성숙과 고양을 위해서 이용할 줄 알았다.

그는 주위의 사람들에게 관용을 베풀었지만 이는 주위의 사람들에 대한 두려움에서 비롯되는 관용이 아니라 오히려 강함에서 비롯되는 관용이었다. 그는 넓은 마음으로 사람들을 포용했다. 그는 어떤 것이 원래부터 인간에게 금지되어 있다고 보지 않았으며, 모든 것은 그때그때마다 인간 개개인의 건강한 성숙을 위해서 이용될 수 있다고 보았다.

니체는 괴테가 약함만을 금지했다고 보았다. 이 경우 약함이란 경직됨이다. 그것은 자신의 주위 것들에 탄력적으로 응하면서 그것들을 통합할 수 있는 능력을 상실한 상태다. 그것은 어떤 충동들이나 행동들 그리고 인간들을 고정된 도그마에 따라서 처음부터 배척하고 거부한다. 그러한 경직은 강함의 표시가 아니라 약함과 자신이 배척하는 것들에 대한 두려움의 징표다.

괴테는 이렇게 두려움과 경직으로부터 해방되어 있는 정신으로 모든 것을 기쁘게 수용했다. 괴테는 자신이 경험한 모든 것들과 주위의 모든 것들을 신적인 것으로 긍정한다. 괴테는 만물을 능산적인 자연으로서의 신의 소산으로 보았던 스피노자의 사상을 수용하면서 모든 것은 전체성 안에서 구원받았고 긍정되고 있다고 보았다. 자신이 경험한 것들과 자신의 주위 것들에 대한 이러한 긍정은 체념에서 비롯되는 긍정이 아니다. 즉, 그것은 자신이 어쩔 수 없는 현실을 수동적으로 받아들이는 패배주의적인 긍정이 아니라 오히려 강하고 심원한 포용력에서 비롯되는 긍정인 것이다. 괴테는 그 모든 것들을 포용하면서 거기에서 하나의 조화된 전체성을 경험할 정도로 강했다. 니체는 이렇게 전체를 긍정하면서 받아들이는 최고의 긍정을 디오니소스적인 긍정이라고 부르고 있다.

디오니소스라는 이름은 서양을 2000년에 걸쳐서 지배해온 그리스도교적인 신을 대체하는 새로운 신의 이름이다. 그리스도교적인 신이 지상과 인간의 자연스런 충동들을 무가치한 것으로 부정하는 신이었던 반면에, 디오니소스 신은 이 모든 것들을 긍정하는 신이다.

물론 니체는 이러한 신이 인격적으로 존재한다고 믿지는 않는다. 그리스도교의 여호와든 디오니소스든 하나의 허구에 지나지 않는다. 이 두 신은 특정한 정신 상태의 표현이다. 그리스도교의 여호와는 지상에서 벌어지는 다양한 일들과 자신의 충동들을 자신 안에 통합하는 능력을 상실한 연약한 정신이 만들어낸 허구다. 그것은 여호와의 이름으로 지상의 일들과 자신의 자연스런 충동들을 무가치한 것으로 배척하고 타기한다. 연약한 정신은 이와 같이 부정하는 정신인 것이다.

이러한 부정은 자신이 절대적인 진리로 신봉하고 의지하는 특정한 교리에 따라서 기계적으로 이루어진다. 연약한 정신은 경직된 정신이며 비관용적인 정신이다. 이에 반해서 디오니소스신이란 포용력이 강하며 부드러운 관용의 정신에게 보인 아름답고 성스러운 전체성으로서의 이 세계에 대한 이름이며, 그러한 정신을 가리키는 이름이기도

하다.

니체의 이러한 사상은 공교롭게도 '번뇌 세상이 바로 열반 세상이라는' 선불교의 사상과 통한다. 니체는 불교를 그리스도교와 마찬가지로 현실 도피적인 종교로 배척했지만 선불교는 철저하게 현실을 긍정하며 우리가 살고 있는 모든 순간과 모든 장소, 즉 '지금 여기'에서 최고의 충만을 경험할 것을 요구한다. 선불교에서 말하는 깨달음의 상태란 사실은 이렇게 자신 안의 모든 충동들과 세계 안의 모든 것들이 하나의 조화로운 통일, 즉 전체성을 이룬 상태를 말한다.

위대함의 본질

“인간이 성격에 ‘고유한 형식을 부여하는 것’은 위대하고 보기 드문 예술이다! 이를 실행하는 자는, 강함과 약함 속에서 자신의 본성이 나타내는 모든 것을 개관한 다음, 그 모든 것들이 예술과 이성으로 나타날 때까지, 그래서 약함조차도 눈을 즐겁게 할 때까지 하나의 예술적인 계획에 따라 그것들을 주조해나간다. 여기에서 많은 양의 2차 본성이 덧붙여지고, 본래적 본성의 일부는 제거된다. […] 그와 같은 강제 속에서, 다시 말해 자신만의 법칙에 따라 억제하고 완성해가는 것에서 가장 미묘한 즐거움을 느끼는 것은 지배욕에 불타는 강력한 본성들일 것이다.”(『즐거운 학문』)

“문화란 무엇보다도, 한 민족의 삶의 모든 표현물에 드러난 예술적 양식의 통일이다. 그러나 많은 양의 지식이나 학식은 문화를 이루는 데 필수적인 수단이 아니며, 문화를 드러내는 징표도 아니다. 그것은 필요하다면 언제든 문화와 정반대되는 것, 즉 양식의 결여나 모든 양식의 무질서한 뒤범벅을 의미하는 야만과도 아주 잘 어울릴 수 있다. 그런데 오늘날의 독일인들은 모든 양식의 무질서한 뒤범벅 속에 살고 있다."(『반시대적 고찰』)

"델포이의 신은 너희에게 [...] 신탁을 고한다. '너 자신을 알라.' [...] 수세기 동안 그리스인들은 오늘날 우리가 맞닥뜨리고 있는 것과 유사한 위험, 즉 과거의 것과 이국적인 것에 의해 압도될 위험, '역사'에 의해 소멸될 위험에 직면했다. [...] 그들[그리스인들]의 문화는 오랫동안 [...] 이국적이고 셈족적이고 바빌론적이며 리디아적이고 이집트적인 형상들과 개념들의 혼돈 상태였으며, 그들의 종교는 동방의 여러 신들의 전쟁터였다. [...] 그리스인들은 델포이의 가르침에 따라 자기 자신, 다시 말해 자신의 진정한 욕구를 재발견함으로써 [...] 점차 혼돈 상태를 조직하는 법을 배웠다. 그렇게 하여 그들은 [...] 곧 너무 많은 동방 전체의 유산을 떠안은 상속자이자 그 아류이길 그만두었다. [...] 이것은 우리들 각자에게는 하나의 우화다. 우리들 각자는 자신의 진정한 욕구들을 재발견함으로써 자신 안에서 혼돈 상태를 조직해내야 한다. [...] 그렇게 함으로써 우리들 각자는 그리스적인 문화 개념을 발견하게 될 것이다. [...] 새로워지고 개선된 자연(Physis)으로서의 문화라는 개념."(『반시대적 고찰』)

[해설]

니체가 모든 것을 긍정해야 한다고 해서, 모든 것을 무분별하게 긍정해야 한다는 것은 아니다. 니체만 해도 다른 사람들을 비열하게 중상하고 모략하는 것과 같은 연약하고 병든 정신은 배격한다. 강한 인간은 모든 것들을 수용하면서도 그것들에 고유한 형식을 부여한다. 괴테의 경우만 해도 괴테라는 인간과 그의 작품에는 남이 흉내 낼 수 없는 고유한 스타일이 존재하는 것이다. 이는 선불교에서 깨달은 개인이라도 서로 간에 획일적으로 동일한 것이 아니라 각자의 스타일을 갖는 것이나 마찬가지다.

개인뿐 아니라 어떤 민족의 문화만 해도 그렇다. 어떤 문화든 하나의 통일적인 양식을 가져야 한다. 그렇지 않고서는 그 문화가 현대처럼 아무리 많은 지식과 학식을 가지고 있어도 그것은 야만적인 문화다. 니체는 그리스 문화야말로 다양한 요소들이 혼합된 자신 안의 혼돈을 하나의 통일적이면서도 독특한 형식으로 구현해낸 전형적인 문화라고 본다.

데카당스

“이제 삶은 전체 속에 깃들어 있지 않다. 각각의 낱말은 독립적으로 되면서 문장의 질서를 벗어나고 문장은 책의 지면을 벗어나서 그 의미를 모호하게 만든다. 전체를 무시해야만 각 지면은 조금이라도 뜻이 통할 것 같다. 이제 전체는 더 이상 전체가 아니다. 이것이 바로 데카당스의 모든 스타일이다. 언제나 혼란의 무정부 상태가 지배하고 있다.”(『바그너의 경우』)

[해설]

흔히 우리말로 퇴폐라고 번역되는 데카당스는 자신이 경험한 모든 것들과 자신 주변의 것들을 통합할 능력을 상실한 상태를 말한다. 이러한 상태에서 모든 것은 지리멸렬하게 분산되어 있다. 전체적인 통합력을 상실한 이러한 데카당스의 스타일은 그럼에도 개별적인 요소들을 자극적이고 선정적인 것으로 만듦으로써 사람들의 주목을 끌고 사람들을 흥분시킨다. 이러한 데카당스의 스타일은 그것과 마찬가지로 자신을 통합할 능력을 결여한 데카당스한 인간들에게 강력한 효과를 미친다. 그것은 이렇게 사람들에게 미치는 강한 영향력을 가지고서 자신이 실제로 강한 것처럼 착각한다.

품위 있는 죽음 : 자살의 재평가

"노인과 죽음 ►► 종교가 제시하는 요구 사항을 무시한다면, 우리는 이렇게 물음을 던져도 좋을 것이다. 자신의 힘이 쇠퇴하고 있는 것을 느끼고 있는 노인이 서서히 진행되는 고갈과 해체를 의식적으로 포기하는 것보다 그것을 기다리는 것이 어떻게 해서 더 명예롭다는 것인가? 이런 경우[자신의 힘이 쇠퇴하고 있는 것을 느낄 경우] 자살은 아주 자연스럽고 당연하다고 여겨지는 행위다. 자살은 이성의 승리로서 당연히 외경심을 불러일으킬 일이다. 그리고 그리스 철학의 대가들이나 가장 용기 있는 로마의 애국자들이 자살로 죽음을 택했던 그러한 시대에 자살은 실제로 외경심을 불러일으켰다. 이와 반대로 생의 본래 목적에 더 가까이 이를 힘도 없으면서 의사의 불안하게 하는 상담과 가장 고통스런 생활 방식에 의해서 목숨을 이어가려는 병적인 욕망은 존경할 만한 일이 아니다. 종교는 자살해서는 안 된다는 핑계거리를 풍부하게 제공한다. 이를 통해서 종교는 삶에 집착하는 사람들에게 아부한다."(『인간적인 너무나 인간적인』)

"의사들을 위한 도덕 ▸▸ 병자는 사회의 기생충이다. 더 오래 산다는 것이 어떤 경우에는 부끄러운 일일 수 있다. 삶의 의미와 살아갈 권리가 상실되어버린 후에 의사들과 약에 비겁하게 의존하면서 식물인간의 삶을 근근이 이어간다는 것은 사회로부터 심한 경멸을 받아야 마땅하다. 의사들은 다시 이러한 경멸을 전하는 역할을 맡아야 한다. 약을 처방할 것이 아니라 매일매일 새로운 구역질을 한 움큼씩 환자들에게 전달해야 할 것이다. … 삶, 즉 상승하는 삶의 최고의 관심이 퇴화하는 삶을 무자비하게 억압하고 밀쳐내도록 요구하는 경우들에 대해서 — 이를테면 생식의 권리, 태어날 권리, 살 권리에 대해서 하나의 새로운 책임, 의사가 가져야 할 책임을 창출하는 것 …. 더 이상 긍지를 갖고 살 수 없을 때 당당하게 죽는 것. 자발적으로 선택한 죽음, 자식들과 다른 사람들이 보는 가운데 명료한 의식을 갖고 기뻐하면서 적시에 이루어지는 죽음, 그리하여 떠나는 자가 아직 살아 있는 동안에 작별을 고하는 것이 가능한 죽음, 또한 생전에 성취한 것과 원했던 것에 대한 진정한 평가와 삶에 대한 총결산이 가능한 죽음 — 이 모든 것은 그리스도교가 임종의 시간을 가지고 연출해온 애처롭고 무시무시한 코미디와는 정반대다. 그리스도교에 대해서 절대로 잊지 말아야 할 것이 있다. 그것은 그리스도교가 죽어가는 사람의 약점을 악용하여 양심을 능욕하고 심지어는 죽는 방법을 악용하여 인간과 과거에 대해서 가치 판단을 내려왔다는 사실이다. — 여기서 중요한 것은 온갖 비겁한 편견에 반항하여 무엇보다도 이른바 자연사에 대한 올바른 평가, 즉 생리학적인 평가를 내리는 일이 필요하다. 따지고 보면 자연사도 결국 '부자연사'의 하나며 일종의 자살에 불과하다. 사람은 자기 이외의 어느 누구에 의해서도 죽지 않는 것이다. 다만 자연사는 가장 경멸할 만한 조건들 아래에서의 죽음이며, 자유롭지 않은 죽음, 제때에 죽지 않는 죽음, 비겁자의 죽음이다. 삶을 사랑하는 자라면 이와는 달리 죽기를 바라야 할 것이다. 우연하거나 돌연하게가 아니라 자유로우면서도 의식적으로…. 마지막으로 나는 여러분 염세주의자들과 그 밖의 데카당들에게 한마디 충고하려고 한다. 우리는 우리의 출생을 막을 방법은 없다. 그러나 그 잘못을 다시 바로잡을 수 있다. 태어나는 것은 때로는 잘못이니까 말이다. 사람들이 자기를 제거한다면 그것은 가장 존경스런 일을 하는 것이다. 그럼으로써 그는 살 만한 자격을 획득하게 된다. … 사회, 아니! 그렇게 함으로써 삶 자체가, 체념이나 빈혈증 그리고 다른 미덕들을 가졌던 다른 종류의 '삶'으로부터보다도 더 많은 이득을 얻는 것이다. ― 그는 다른 사람들이 자기를 보지 않아도 되게끔 그들을 해방시킨 것이며 삶으로부터 하나의 난점을 제거한 것이다…. 순수한 염세주의는 염세주의자 여러분의 자기 부정에 의해서만 비로소 입증된다. 우리는 쇼펜하우어처럼 단순히 '의지와 표상'을 가지고 삶을 부정하지 말고, 염세주의 논리에서 한 걸음 더 나아가야만 한다. ― 무엇보다도 먼저 쇼펜하우어를 부정해야 한다. … 그런데 염세주의는, 그것이 아무리 전염성이 강하더라도 시대 혹은 민족 전체의 병적 상태를 증대시키는 것은 아니다. 염세주의 자체가 이 병적인 상태의 표현이니까 말이다. 사람들은 콜레라에 걸리듯이 그것에 걸린다. 다시 말해서 그것에 걸릴 정도로 체질이 나약한 사람들이 그것에 걸린다. 염세주의는 그 자체로는 단 한 명의 데카당도 증가시키지 못한다. 통계에 의하면 콜레라가 창궐했던 해에도 총사망수는 다른 해와 다름이 없다는 사실을 상기하기 바란다."(『우상의 황혼』)

"그 정도로 중요하지는 않다 ▸▸ 사람들이 누군가 임종하는 자리에 함께 할 때 우리에게는 보통 어떤 생각이 떠오르는데, 우리는 그 생각을 예의를 지킨다는 그릇된 감정으로 즉시 억누른다. 그 생각이란 죽는다는 행위는 세간의 외경심이 주장하는 것처럼 그렇게 중요한 것은 아니며, 죽어가는 사람은 그가 여기서 이제 곧 잃을 것보다 아마 더 중요한 것을 살아 있는 동안에 잃었으리라는 생각이다. 이 경우 종말은 분명히 목표는 아니다."(『아침놀』)

[해설]

자살을 어떻게 생각할 것인가? 여기서 니체는 의연한 자살, 또렷하게 깨어 있는 의식을 가지고 죽음을 받아들이는 자살을 생각하고 있다. 이러한 자살은 삶을 부정하는 것이 아니라 삶에 대한 최고의 긍정이다. 이는 삶이란 다윈과 같은 사람이 생각하는 것처럼 생존이나 연명을 목표로 하는 것이 아니기 때문이다. 생존이나 연명을 목표로 하는 삶은 참된 삶이 아니라 병약하고 퇴락한 삶에 불과하다. 그것은 살아 있다고 하지만 사실은 살아 있는 것이 아니다.

니체는 삶의 본질을 자기 극복을 통한 자기 고양에서 찾는다. 삶은 자기 극복을 통한 자신의 고양과 강화를 목표로 한다는 것이다. 따라서 사람들은 죽음을 의연한 눈으로 바라보면서 스스로 죽음을 청할 때, 죽음에 대해서 병들고 약한 자들이 갖는 공포를 극복하면서 최고의 힘의 고양을 맛볼 수 있다. 바로 이 점에서 자살은 삶의 최고의 승화로 여겨질 수 있다. 인간은 이러한 순간에야말로 자신이 살아 있다고 느낄 수 있는 것이다.

하이데거와 같은 사상가가 우리 인간의 존재를 '세상에 던져져 있음'이라고 보는 것처럼 우리는 탄생과 죽음에 던져진다. 어떤 의미에서 우리의 탄생과 죽음은 외부에서 우리에게 주어지는 것이다. 그러나 의연하게 자살할 수 있는 사람은 죽음도 자신이 통제해야 할 자신의 삶의 일부로 생각한다. 그는 자신의 삶과 죽음의 주인이 되려고 하는 것이다. 그에게 죽음은 그가 살아생전에 부딪혔던 어려움과 마찬가지로 오히려 자신의 성숙과 강화를 위한 계기일 뿐이다. 그는 살아생전의 어려움과 난관도 자신의 성숙의 계기로 삶고 오히려 그것과 의연하게 부딪히는 자신의 강함을 즐길 수 있는 기회로 삼았던 것처럼 죽음도 그러한 기회로 삼는다. 이러한 삶에서 우리는 인간 정신의 위대함과 힘을 느낀다. 이에 대해서 병들고 늙어서 매사에 남들의 손에 의존하면서 구차하게 사는 것은 자신과 삶 그리고 인간에 대한 모욕이다.

나이가 50에 가까워지면서 이제 70이 되려면 20년밖에 남지 않았다는 생각을 하게 된다. 노인이 되었을 때의 나를 생각하게 되는 것이다. 노인이 되었을 때도 나는 과연 자신에 대해서 긍지를 가지면서 당당하게 살 수 있을 것인가? 나이 90이 넘어서 자신이 자식들에게 짐밖에 되지 않는다는 사실을 자각하게 되었을 때, 물조차 마시지 않는 단식 끝에 죽음을 맞은 할머니가 있다고 들었다. 그러한 이야기를 들을 때 우리는 자신도 모르게 그 사람에 대한 경외심에 사로잡히게 된다. 그리고 우리는 거기에서 자신의 삶을 위대하게 결산한 승리의 모습을 본다. 삶이 가질 수 있는 최고의 가능성을 구현한 위대한 정신을 우리는 거기에서 보는 것이다. 그리고 우리는 이렇게 자문하게 된다. 과연 나는 그렇게 죽을 수 있을 것인가?

그리스도교를 비롯한 거의 대다수의 종교들이 자살을 금하고 있다. 자살 자체는 죄라는 것이다. 이 경우 이들은 위대한 자살과 비천한 자살을 구별하고 있지 않다. 그러나 니체는 삶에도 품위 있는 삶과 그렇지 못한 삶이 있듯이 자살에도 품위 있는 자살과 그렇지 못한 자살이 있다고 본다.

사실 자살도 자살 나름이다. 어느덧 세계에서 가장 높은 자살률을 갖게 된 우리나라에서는 오늘도 많은 사람들이 자살을 했을 것이다. 그 자살들 중에서 니체가 칭송할 만한 자살은 몇 건이나 되었을 것인가? 그 대부분의 자살은 자신에 대한 승리가 아니라 자신에 대한 패배였을 것이다.

그것은 삶의 최고의 승화가 아니라 삶에 대한 저주이자 한탄이었을 것이다. 젊은 애들은 시험 성적 때문에 혹은 미래에 대한 불안을 이기지 못해서 죽었을 것이고, 어른들은 빚 때문에 혹은 남편이나 아내가 바람이 나서 죽었을 것이다. 그 사람들은 삶이 치욕이고 환멸이며 지옥이라고 삶에 침을 뱉으면서 죽어갔을 것이다. 그들에게 죽음은 이러한 삶에서 벗어나게 해주는 마지막 출구였다.

어떤 사람이 또렷하게 깨어 있는 정신으로 주위 사람들 앞에서 기쁜 마음으로 자살할 때 사람들은 슬픔보다도 그 사람의 위대함에 경외와 경탄을 느끼게 될 것이다. 이에 대해서 삶에 잔뜩 한을 품고 죽어가는 사람들의 죽음이란 한없는 연민과 동정 그리고 슬픔을 불러일으킨다. 의연하고 당당한 자살이 살아 있는 사람들에게 인간의 위대함을 깨닫게 한다면, 이들 삶에 실패한 자들의 죽음은 우리에게 인간의 보잘것없음과 비참함을 느끼게 한다. 이들의 죽음은 우리를 고양시키기보다는 씁쓸함에 사로잡히게 한다.

니체가 말하는 위대한 자살자들은 삶에서 실패했기 때문에 자살하는 것이 아니라 자신의 삶을 최고로 승화시키기 위해서 자살한다. 그것은 삶에 대한 사랑 때문에 자살하는 것이다. 그들은 자신의 삶을 누추하고 비루하게 보이고 싶지 않기 때문에 자살을 택하는 것이며 따라서 자살의 순간에도 그들은 의연한 것이다. 그들은 더 오래 살게 해달라고 신에게 기도하지 않으며 의사에게 매달리지도 않는다. 그들은 최고로 독립적이며 자유로운 자들이다.

그리스도교를 비롯한 많은 종교들에서 자살은 죄로 간주된다. 그리스도교는 사람들을 죄 있는 인간과 죄 사함을 받은 인간으로 나눈다. 그리스도교는 죽어가는 사람에게 그동안 삶에서 지은 죄를 회개할 것을 요구한다. 죄를 회개하고 주님을 받아들이면 천국에 갈 것이지만 그렇지 않으면 지옥에 떨어질 것이라고 협박한다. 이 점에서 니체는 그리스도교는 죽음의 시간에도 사람들의 양심을 능욕하고 있다고 비판하고 있다. 사람들이 그리스도교의 협박에 굴복하여 자신들의 죄를 참회할 때 사람들은 자신을 비겁한 인간으로 전락시킨 것이다.

그러나 니체에게는 죄 있는 인간과 죄 없는 인간의 구별이 아니라 병든 인간과 건강한 인간의 구별이 있을 뿐이다. 이러한 기준은 죽음에 임한 사람들에게 회개할 것을 요구하는 것이 아니라 자신의 죽음을 의연하게 맞아들일 것을 요구한다. 이러한 기준에 의하면 삶에 대한 원한 때문에 자살을 택한 사람들은 죄가 커서 자살을 택한 것이 아니라 삶을 짊어지기에는 너무나도 병약한 인간들이었기 때문에 자살한 것이다. 이들의 자살은 자유로운 자살이 아니라 자포자기에 의한 자살이다.

니체는 자연사라고 불리는 것도 사실은 자연스런 죽음이 아니라 어떻게 해서든 자신의 목숨을 이어가려는 비루함에서 비롯된 선택에 의한 죽음이라고 본다. 인간은 본질적으로 자신의 삶을 선택할 수 있는 존재이기에 이른바 자연사라는 것도 선택에 의한 죽음이라는 것이다. 이 점에서 니체는 의연한 자살을 부자연스런 죽음으로 비난할 수는 없다.

니체는 마지막으로 염세주의자들에게 충고하고 있다. 그대들의 논리에 충실하게 자살하라고. 니체가 보기에는,

사람들은 삶 자체가 추해서 염세주의자가 되는 것이 아니라 병약해서 염세주의자가 된다. 이러한 사태를 니체는 콜레라에 사람들이 전염되는 것과 비유하고 있다. 사람들이 콜레라에 걸리는 것은 콜레라가 전염성이 있어서가 아니라 콜레라에 걸릴 정도로 사람들이 병약해졌기 때문이다. 삶 자체가 추한 것이 아니라 병든 염세주의자들이 삶을 추하게 보며 또한 다른 사람들로 하여금 삶을 추하게 보게 만든다. 니체는, 이들은 자살함으로써 자신들의 논리에 충실하게 될 뿐 아니라 삶으로부터 추한 것을 사라지게 할 것이라고 말하고 있다.

니체가 염세주의자들에게 자살을 진심으로 권하는 것은 아닐 것이다. 다만 니체는 그들이 자신들의 실체를 깨닫고 자신들의 생각과 삶을 새롭게 하도록 하라고 극단적인 수사를 사용했을 뿐이다. 병약한 자들은 사회의 기생충이며 제거되어도 좋다는 니체의 말은 나치들이 정신박약자들이나 불구자들을 제거하는 것을 정당화하는 철학으로 악용되었다. 니체가 말하는 병든 자들이란 정신박약자들이나 불구자들이 아니라 철학적으로 병든 자들을 말한다. 삶을 혐오하고 피안의 세계를 희구하거나 인생을 부정하는 자들을 말한다. 니체는 정신박약자든 불구자든 생을 긍정하면서 자신의 생을 인간 승리의 한 표본으로 만들어가는 자들을 칭송할 것이다.

죽음을 어떻게 볼 것인가

"죽음 ▸▸ 죽음에 대한 확실한 전망에 의해서 모든 삶은 맛있고 향기로우며 경쾌한 것이 될 수 있다. 그런데 그대들 기이한 영혼의 약사들은 죽음에 대한 확실한 전망으로 역겨운 독약을 만들어 그것을 가지고 삶 전체를 혐오스런 것으로 만들었다!"(『인간적인 너무나 인간적인』)

"불사를 꿈꾸는 사람들에게 ▸▸ 그대들은 그러면 그대들 자신의 이 아름다운 의식이 영원히 지속하기를 원하는가? 그것은 뻔뻔스러운 것은 아닌가? 그리스도교적인 인내 이상의 인내로 그대들을 이제까지 견뎌온 것처럼 그대들을 영원히 견뎌내야만 할 모든 다른 것들을 그대들은 생각하지 않는 것인가? 아니면 그대들은 그것들이 그대들의 존재에 대해서 영원한 기쁨을 느끼게 할 수 있다고 생각하는가? 이 지상에 불사의 인간이 오직 하나만 있어도 여전히 이 지상에 있을 모든 다른 것들을 그에 대한 혐오감 때문에 죽고 싶고 자살하고 싶은 격렬한 욕망을 갖게 될 것이다! 그리고 수천 분이라는 적은 [시간] 개념을 가지고 있는

그대들 지상의 주민들이 영원하고 보편적인 존재에 대해서 영원히 성가신 존재가 되기를 바라다니! 그것보다 더 귀찮은 일이 있을 것인가! 최종적으로 말하지만, 70년 동안 사는 생물을 우리는 부드럽게 대하자! 그는 자신이 경험하게 될 '영원한 권태'를 마음에 그려보는 데 자신의 상상력을 사용할 수 없었다. 그에게는 [그렇게 할 수 있는] 시간이 충분하지 않았다."(『아침놀』)

[해설]

사람들에게 보통 죽음은 두려운 것으로 나타난다. 죽음을 두려워하는 데서 불사와 영원의 꿈이 생겨난다. 그러나 니체는 인간이 죽는다는 것 때문에 오히려 삶이 더욱 향기롭고 경쾌한 것이 될 수 있다고 말하고 있다. 니체는 인간이 죽지 않고 영원히 산다면 영원한 권태가 지배하게 될 것이라고 말하고 있다. 인간이 죽는다는 사실로 인해서 순간순간은 더 소중하고 귀중한 의미를 가질 수 있으며 사물은 더 아름다울 수 있다. 인간이 죽지 않는다면 우리는 어떠한 행위도 연기(延期)할 수 있기 때문에 그때그때마다의 행위가 갖는 진지함과 심대한 의미도 사라질 것이다.

그리스도교는 죽음이 오히려 인간의 삶을 빛내게 할 수 있다는 사실을 무시하고 죽음을 혐오스럽고 두려운 것으로 취급함으로써, 죽음으로 끝나는 삶 자체도 덧없고 혐오스런 것으로 만들어버렸다.

그대 자신을 사랑하라

"하나의 제안 ▸▸ 파스칼과 그리스도교가 말하는 것처럼 우리의 자아가 항상 증오할 만한 것이라면, 신이든 인간이든 다른 자들이 우리의 자아를 사랑한다는 것을 우리는 허락하거나 받아들일 수조차도 없을 것이다! 자신이 다른 혐오스런 감정은 물론이고 오직 증오만을 받을 만하다는 사실을 잘 알면서도 사랑을 받는 것은 전혀 격에 맞지 않는 일일 것이다. —'그러나 이것이 바로 은총의 나라다.'— 그렇다면 그대들에게 그대들의 이웃 사랑은 은총인가? 그대들의 동정은 은총인가? 그대들에게 정녕 그것이 가능하다면 또 한 걸음 전진하라. 그대들 자신을 은총으로부터 사랑하라. 그러면 그대들은 그대들의 신을 전혀 필요로 하지 않게 된다. 그리고 타락과 구원이라는 드라마 전체는 그대들 자신 안에서는 끝나게 된다!"(『아침놀』)

"다른 종류의 이웃 사랑 ▸▸ 흥분 잘 하고 소란스러우며 변덕스럽고 신경질적인 사람은 커다란 정열을 가진 사람과는 정반대의 사람이다. 이러한 정열은 조용하고 어두운

화염처럼 내면에 머무르면서 거기에서 뜨겁고 열을 내는 모든 것을 모으면서 그러한 정열의 소유자를 외관상으로는 냉정하고 무관심한 사람으로 보이게 하며 그의 얼굴에 무감동한 표정을 새겨넣는다. 그러한 사람들에게도 경우에 따라서는 아마도 이웃 사랑이 가능하리라. 그러나 그것은 사교적이고 인기 영합적인 사람들의 이웃 사랑과는 다른 종류의 것이다. 그것은 부드럽고 관조적이며 평정한 친절함이다. 그들은 말하자면 그들의 요새이고 바로 이 때문에 그들의 감옥이기도 한 그들의 성의 창문으로부터 내다본다. 낯선 것, 광활한 것, 다른 것을 바라보는 것은 그들에게는 진실로 유쾌한 일이다."(『아침놀』)

"자신의 악마를 이웃 속에 들어가게 하지 말라! ▸▸ 어쨌든 우리의 시대에는, 호의와 친절이 좋은 인간들을 구성하는 요소라는 사실에 동의하자. 다만 이러한 사실에 '그가 우선 자기 자신에 대해서 호의적이고 친절하다는 사실이 전제될 경우에!'라고 덧붙여야만 한다. 왜냐하면 이것이 전제되지 않으면, 즉 그가 자신 앞에서 도망치고 자신을 증오하고 자신에게 해를 입힌다면, 분명히 그는 좋은 인간이 아니기 때문이다. 그때 그는 자기 자신에게서 도망쳐서 타인들 속에서만 자신을 구원한다. 이러한 타인들은 그가 아무리 호의적으로 보일지라도 해를 입지 않도록 주의하는 게 좋다. 그러나 바로 이것, 즉 자기에게서 도망치고 자신을 증오하며 타인 속에서 살고 그리고 타인을 위해서 사는 것을 사람들은 이제까지 확신과 함께 그리고 무사려하게 '비이기적인 것으로' 따라서 '좋은 것'으로 불러왔다!"(『아침놀』)

"사랑하도록 유혹한다 ▸▸ 자기 자신을 증오하는 사람을 우리는 두려워해야만 한다. 왜냐하면 우리는 그의 분노와 복수의 희생이 될 것이기 때문이다. 따라서 우리는 우리가 어떻게 하면 그로 하여금 자기 자신을 사랑하도록 유혹할 수 있는지를 생각해보자!"(『아침놀』)

[해설]

타인을 사랑하기 위해서는 자신을 먼저 사랑해야만 한다. 우리는 보통 인간이 이기적인 존재이기 때문에 자신을 당연히 사랑하고 있다고 생각한다. 그러나 우리는 많은 경우 의식적으로든 혹은 무의식적으로든 자기 혐오와 자기 학대에 빠져 있다. 우리는 남과 자신을 비교하면서 열등의식에 빠지고 자신의 무능력에 대해서 한탄한다. 아니면 우리는 엄격한 도덕적인 기준에 자신을 비추거나, 그리스도교에서처럼 신과 자신을 비교하면서 자신을 타락하고 악한 존재로 단죄한다. 우리는 이렇게 보통 자신을 사랑받을 가치가 없는 존재로 생각하는 것이다. 이러한 상태에서는 이웃 사랑이란 자신을 사랑받을 가치가 있는 인간으로 만들려는 몸부림이라고 볼 수 있다. 우리는 이웃에게 덕과 동정을 베풂으로써 자신이 선한 존재이고 사랑받을 만한 존재라는 것을 확인하고 싶어한다.

그러나 자신에 대한 비난과 혐오에 입각하고 있는 이웃 사랑이 과연 이웃에게 도움이 될 수 있을 것인가? 그렇다. 우리는 물질적으로 빈곤한 사람에게는 물질을 통해서 도움을 줄 수 있을 것이다. 그러나 인간은 물질만을 통해서 행복해질 수 있는 존재가 아니다. 우리가 타인을 진정으로 사랑하려면 그를 행복하게 할 수 있어야만 한다. 그러나 나 자신이 자기 혐오에 빠져 불행을 느끼는 상태에서 어떻게 타인을 행복하게 할 수 있겠는가?

타인을 행복하게 하기 위해서는 우선 자신부터 행복해야 한다. 그리고 이러한 행복은 자기 혐오와 자기 멸시를 통해서 획득할 수 있는 것이 아니다. 자신에 만족하며 자신에 긍지를 품고 자신을 사랑하는 자만 행복할 수 있으며 이 행복을 남에게 나눠줄 수 있다. 부처와 같은 사람은 내면에서 행복에 충만해 있었기 때문에, 물질적으로는 남에게 구걸해서 먹었지만 수많은 사람들에게 행복을 나눠줄 수 있었다. 부처가 자기 혐오에 빠져 있었는가? 부처는 자신의 충동들의 주인이 되어 자신의 힘을 즐겼으며 자기 내면의 조화와 평온을 즐겼을 뿐이다. 이런 의미에서 니체는 진정한 자기애에 입각한 이타주의를 추구하며, 자신에 대한 사랑과 존경심이 타인에 대한 사랑과 존경심이 되는 상태를 추구한다.

니체는 부처와 불교가 현실 도피적인 것으로 비판했지만 나는 부처와 불교에 대한 니체의 비판은 오해라고 생각한다. 오히려 불교와 니체의 사상은 많은 면에서 일치한다.

너 자신이 되라

"사이비 이기주의 ▸▸ 대다수의 사람들은 자신의 '이기주의'에 대해서 어떻게 생각하고 어떻게 말하든 간에, 일생 동안 자신의 자아를 위해서는 아무것도 하지 않으며 오직 자아의 환영(幻影)을 위하는 일만 한다. 이러한 자아의 환영은 그들 주위의 사람들의 머리에서 형성되어 그들에게 전해진 것이다. 이 결과 그들 모두는 함께 비인격적인 의견과 자의적이고 말하자면 허구적인 가치 평가들의 안개 속에서 산다. 어떤 사람은 항상 다른 사람의 머릿속에서 살고 이 머리는 다시 다른 머리들 속에서 산다. 기묘한 환영의 세계이지만 그것은 동시에 매우 냉정한 외관을 보여줄 줄 안다! 의견들과 습관들의 이러한 안개는 그것이 감싸고 있는 인간들에서 거의 독립해서 자라나고 존속한다. 이 안개 속에서 '인간'에 대한 일반적인 판단들이 거대하게 영향을 미치고 있다. 자기 자신을 알지 못하는 이 모든 인간들은 핏기 없는 추상물인 '인간', 즉 하나의 허구를 믿고 있다. 몇몇 권력을 갖는 자들(군주나 철학자들과 같이)의 판단들을 통해서 이러한 추상물에 대해서 기도되는 모든 변화는 대다수 사람들에게 생각할 수 없을 정도로 엄청나게 영향을 미친다. 이 모든 것은 이 대다수 중 어느 누구도 그가 접근할 수 있고 그에 의해서 규명되는 진정한 자아를 저 일반적인 빛바랜 허구와 대립시키면서 이를 통해서 그것을 제거하는 능력을 갖지 못하기 때문에 가능하다."(『아침놀』)

"대중에 속하기를 원치 않는 사람은 오로지 자기 자신의 나태함을 없애기만 하면 된다. 그리고 '너 자신이 되어라! 지금 네가 하고 있는 것, 생각하는 것, 원하는 것은 모두 너 자신이 아니다!'라고 외치는 자신의 양심을 따르기만 하면 된다."(『반시대적 고찰』)

"[고결한 인간은] 언제나 사실들의 맹목적인 힘과 현실의 폭정에 맞서며, 저 역사적 흐름의 법칙이 아닌 법칙들에 자신을 복종시킨다. 그는 자기 실존의 가장 비근하고 어리석은 현실인 자신의 정념과 싸움으로써 또는 정직을 자신의 의무로 삼음으로써, 언제나 역사라는 조류를 거슬러 헤엄친다."(『반시대적 고찰』)

"대중이 아닌 개인들, 생성의 격한 흐름을 가로지르는 다리를 놓는 개인들을 목도할 시기가 도래할 것이다. 이러

한 개인들은 어떤 종류의 [역사] 과정도 진척시키지 않으며 서로 동시적으로 살아간다. […] 그들은 언젠가 쇼펜하우어가 말했던 천재들의 공화국을 이루고 산다. […] 아니, 인류의 목표는 그 종말에 있지 않고, 다만 인류의 최고의 전형들 속에 있다.”(『반시대적 고찰』)

[해설]

인간은 이기적인 존재라고 보통 말해지지만, 니체는 진정으로 자기 자신을 위해서 사는 인간들을 많지 않다고 본다. 사람들은 자신의 자아를 위해서가 아니라 보통 기존의 도덕이나 종교 혹은 사회가 제시하는 가치관에 따라서 산다. 그런데 많은 경우 이러한 가치관은 우리 자신을 건강하게 하기보다는 우리를 병들게 한다. 니체는 진정으로 고결한 인간은 자신이 살고 있는 시대의 정신에 따라서 살기보다는 오히려 그것에 저항하면서 자신의 진정한 자아를 구현하려고 한다고 말하고 있다. 이들은 자신들의 정념들과 자신들의 경험을 전체적인 통일성 안에서 통합하는 데 성공한다. 이들은 시대를 달리하면서도 서로 통하는 바가 있다. 이들은 서로 바라보면서 대화하는 산의 정상들과 같다.

니체의 이러한 주장은 우리는 우선 대부분의 경우 자기 자신으로서가 아니라 세상 사람으로서 산다는 하이데거의 주장과 상통하는 측면이 있다. 하이데거는 우리는 ‘우선 대부분의 경우' 익명의 세상 사람들의 여론에 따라서 산다고 말하고 있다. 우리는 자기 자신을 망각하고 세상이 부과하는 가치들과 의미들에 산다는 것이다. 하이데거는 자신의 진정한 자기를 구현하는 우리의 본래적인 실존은 이러한 비본래적인 실존과의 투쟁을 통해서만 획득될 수 있다고 말하고 있다.

고 독

"고독을 배우는 것 ▸▸ 오, 그대들 세계 정치가 이루어지는 대도시에 사는 가련한 무리들이여, 그대들 젊고 유능하고 명예욕으로 고통 받는 자들이여, 그대들은 모든 사건들에 대해서 그대들의 의견을 말하는 것을 의무로 알고 있다! 그리고 실로 항상 어떤 사건이 일어나고 있다. 그대들은 이런 식으로 먼지와 소음을 만들어내면서 자신들이 역사를 이끌어가는 수레라고 믿고 있다. 그대들은 언제나 귀를 기울이고 언제나 그대들의 의견을 던져 넣을 수 있는 기회를 노리고 있기 때문에 모든 진정한 생산성을 상실해 버린다! 그대들이 위대한 일들을 하려고 아무리 열망해도 [그러한 일들을] 잉태할 수 있는 깊은 침묵은 그대들에게 결코 찾아오지 않는다. 그대들은 그대들 자신이 사건을 쫓는다고 생각하는 반면에, [사실은] 나날의 사건이 그대들을 지푸라기처럼 자신 앞으로 몰아온다. 그대들 가련한 무리들이여! 무대에서 주역을 맡으려고 하면 합창에 끼어들 생각을 해서는 안 된다. 아니 어떻게 합창하는지도 알아서는 안 된다."(『아침놀』)

“누가 도대체 언제 고독해질까? ▸▸ 두려워하는 자는 고독이 무엇인지 모른다. 그의 의자의 배후에는 항상 적이 존재한다. 오, 고독이라고 불리는 저 미묘한 감정의 역사를 누가 우리에게 말해줄 수 있을 것인가?”(『아침놀』)

“교육에 대해서 ▸▸ 우리의 도야 방식과 교육 방식이 갖는 가장 보편적인 결함이 나에게 점차 분명해졌다. 고독을 견디는 것을 어느 누구도 배우지 않으며 어느 누구도 추구하지도 않으며 어느 누구도 가르치지 않는다.”(『아침놀』)

“고독에 대한 또 다른 이유! ▸▸ A : 그렇다면 그대들은 다시 그대의 사막으로 되돌아가려는가? B : 나는 재빠르지 않다. 나는 나 자신을 기다려야 한다. 항상 나의 자아의 샘으로부터 물이 나올 때까지는 시간이 걸린다. 그리고 자주 내가 인내할 수 있는 것보다도 더 오래 갈증을 참아야만 한다. 그 때문에 나는 고독으로 들어간다. 모든 사람을 위한 물통에서 마시지 않기 위해서. 많은 사람들 틈에서 나는 그 사람들처럼 살고 내 식으로 생각하지 않는다. 이 경우 얼마만큼 시간이 지나면 사람들이 나를 나 자신으로부터 추방하고 나에게서 영혼을 빼앗으려고 하는 것처럼 생각된다. 그래서 나는 모든 사람들에 대해서 악의를 품으며 모든 사람을 두려워한다. 그때 내가 다시 잘 성장하기 위해서는 사막이 필요하다."(『아침놀』)

"당파에서의 용기 ▸▸ 불쌍한 양들은 그들의 대장에게 이렇게 말한다. '항상 앞장서 가기만 해라. 그러면 우리는 너를 따라갈 용기를 절대로 잃지 않을 것이다.' 그러나 불쌍한 대장은 이렇게 생각한다. '항상 나를 따라오기만 해라. 그러면 나는 너희들을 이끌 용기를 절대로 잃지 않을 것이다.'"(『아침놀』)

[해설]

니체는 우리가 진정으로 위대해지기 위해서는 고독해져야 한다고 본다. 니체가 말하는 고독은 단순히 세상에서 은둔하고 홀로 있는 것이 아니라 세상의 여론이나 일반적인 가치관에 의해서 지배되지 않고 독립적인 자세를 유지하는 것이다. 이렇게 우리가 독립적인 자세를 취하는 것을 통해서만 우리는 건강하게 성장할 수 있다. 이렇게 독립적인 사람은 자신이 따를 사람도 또한 자신을 따르는 사람도 필요로 하지 않는다. 그러나 사람들은 고립이 두려워서 세상의 여론이나 일반적인 가치관에 동조한다.

고통의 긍정

“뭐라고? 학문의 궁극적인 목적이 인간에게 가능한 한 가장 많은 즐거움과 가장 적은 고통을 만들어주는 것이라고? 그런데 즐거움과 고통이 서로 너무나 밀접하게 연결되어 있어서, 그 중 하나를 가능한 한 많이 가지길 원하는 사람은 다른 하나 역시 가장 많이 가져야만 한다면? 아마도 이것이 만물의 이치일 것이다! 어쨌든 스토아주의자들은 그렇게 생각했고, 삶에서 가장 적은 양의 고통을 얻기 위한 방편으로 가장 적은 양의 즐거움을 얻고자 했을 때, 그들의 태도에는 아무런 모순도 없었다.”(『즐거운 학문』)

“그대들은 가능한 한 […] 고통을 없애려고 한다. 그렇다면 우리는? 우리는 실로 오히려 고통을 증가시키고, 이전보다 더 악화시키려고 하는 것 같다! […] 고통에 대한 훈련, 거대한 고통에 대한 훈련, 그대들은 바로 이 훈련이 지금까지 인류의 모든 향상을 가능하게 했다는 사실을 아는가? 영혼의 힘을 길러주는 불행 속에서 영혼이 느끼는 긴장, 거대한 파멸을 목도하는 영혼의 전율, 불행을 짊어지고 감내하고 해석하고 이용하는 영혼의 독창성과 용기, 그리고 깊이, 비밀, 가면, 정신, 간계, 위대함에 의해 영혼에게 부여된 것, 이것은 고통을 통해, 거대한 고통에 대한 훈련을 통해 영혼에게 부여된 것이 아닌가? 인간 안에는 피조물과 창조자가 통일되어 있다."(『선악의 저편』)

[해설]

즐거움만을 희구하고 고통을 두려워하는 자는 작은 고통도 견디지 못한다. 이에 대해서 고통을 기꺼이 받아들이는 자는 작은 즐거움도 아주 큰 즐거움으로 느낀다. 우리가 편안한 가운데 느끼는 여름날 산들바람에 대해서 별로 고마움을 느끼지 못하지만 험한 산을 등반한 후 정상에서 맛보는 산들바람에 대해서는 누구나 큰 고마움을 느끼게 되는 것과 마찬가지다.

현대는 가능한 한 고통을 없애려고 하는 시대다. 그러나 고통이 없는 사회는 기쁨도 없을 것이다. 아울러 니체는 우리 인간은 고통을 통해서 향상되고 위대해진다고 말하고 있다. 고통과의 대결에 의해서 우리의 영혼은 강해지고 깊어진다는 것이다.

긍지와 오만

“긍지 ▸▸ 아, 그대들 모두는 고문을 당한 자가 고문을 받은 후, 비밀을 지킨 채로 독방에 끌려 돌아왔을 때 갖게 되는 감정을 알지 못한다! 그는 여전히 이를 악물고 비밀을 지키고 있다. 그대들이 인간적인 긍지에서 우러나는 환호에 대해서 무엇을 아는가?”(『아침놀』)

“오만 ▸▸ 오만이란 걸치레의 가장된 긍지다. 그러나 긍지에게 참으로 특유한 점은 그것이 어떠한 걸치레도 아니고 어떠한 위장도 아니며 위선도 아니며 그런 것들일 수도 없다는 것이다. 따라서 오만은 위선의 재능이 없는 위선이고 매우 어려운 것이며 대부분의 경우 실패하는 것이다. 그러나 보통 일어나는 것처럼 그 경우 오만한 인간의 위장이 드러나면, 3중의 불쾌한 일이 그에게 일어나게 된다. 그가 우리를 기만하려고 했기 때문에 우리는 그에게 화를 낸다. 그가 우리에 대한 자신의 우월함을 보여주려고 했기 때문에 우리는 그에게 화를 낸다. 그리고 마지막으로 그 두 가지가 다 실패했기 때문에 사람들은 그를 비웃게 된다. 따라서 불손해서는 절대로 안 된다!"(『아침놀』)

"위엄과 두려움 ▸▸ 의식, 직위와 신분을 나타내는 의상, 엄숙한 표정, 근엄한 눈초리, 느린 발걸음, 완곡한 어법 그리고 위엄 있다고 불리는 그 모든 것들은 실제로는 두려움에 가득 찬 사람들이 자신을 위장하는 방식들이다. 그들은 그러한 방식들을 통해서 사람들로 하여금 (자기 자신 혹은 그들이 대표하는 것에 대해서) 두려움을 갖게 만들려고 하는 것이다. 두려움이 없는 자들, 즉 원래 항상 그리고 분명히 두려움을 일으키는 사람들은 위엄과 의식을 필요로 하지 않는다. 그들의 솔직하고 직선적인 언행은 그들이 자신감에 찬 무서운 인간들이라는 사실의 징표인 바, 그들은 그러한 언행을 통해서 명성을 얻기도 하지만 그보다 더 많이 배척당한다."(『아침놀』)

[해설]

궁지는 고문을 당하는 가장 비참한 상황에서도 꽃피울 수 있다. 이에 대해서 오만을 떨거나 위엄을 나타내는 것은 자신에 대한 긍지가 결여된 자가 자신과 타인을 기만하려는 겉치레다.

중 용

"추하게 보인다 ▸▸ 중용을 지키는 자는 자기 자신을 아름답다고 생각한다. 그는, 중용을 지키지 못하는 자의 눈에는 거칠고 냉정하며 따라서 추하게 보인다는 사실을 알지 못한다."(『아침놀』)

[해설]

아리스토텔레스는 용기가 비겁과 만용의 중용이라고 보았다. 그러나 용기 있는 자는 비겁한 자에게 만용스런 자로 보이고 만용스런 자에게는 비겁한 인간으로 보인다.

자유 정신

“새로이 다가오는 철학자들은 진리의 새로운 친구들인가? 아마도 충분히 가능하리라. 모든 철학자들은 자신의 진리를 사랑하지 않았던가. 하지만 이들은 단연코 독단주의자들은 아니다. 그들의 진리가 모든 사람을 위한 진리라고 가정하는 것 — 이것은 모든 독단주의자들의 숨겨진 욕망이며 그 욕망의 은폐된 의미 내용이었다 — 은 그들의 자부심이나 취향을 모독하는 것이다. 미래의 철학자들은 자신의 철학에 대해서 다음과 같이 말하리라. ‘나의 판단은 나 자신의 판단이다.’ 다른 사람들은 쉽사리 이 판단을 취할 수 없을 것이다.(『선악의 저편』)

“도덕 교사들의 허영심 ▸▸ 도덕 교사들이 전체적으로 볼 때 성공하는 일이 적었다는 사실은 그들이 너무 많은 것을 동시에 원했다는 것, 즉 그들이 지나치게 야심이 많았다는 것에 의해서 설명될 수 있다. 즉, 그들은 모든 사람들을 위한 규범을 제공하려고 했다. 그러나 이것은 무규정적인 것 안에서 헤매는 것을 의미하며 동물들을 인간으로 만들기 위해서 동물들에게 연설하는 것을 의미한다. 동물들이 그러한 연설을 지루하다고 생각하는 것은 이상할 것이 없다! 그들은 제한된 범위의 사람들을 찾아내어 그들을 위한 도덕을 찾고 그것을 장려해야 할 것이다. 그러나 무엇보다도 위대한 성공은 항상 만인이나 제한된 범위의 사람들이 아니라 한 사람을 교육하려고 하고 쓸데없이 좌우를 둘러보지 않는 사람의 것이다. 이전 세기가 우리의 세기보다 우월한 점은, 그 당시에는 아주 많은 교육받은 개인들이 있었다는 것이고 이와 함께 그러한 개개인들을 교육하는 데 자신의 삶의 과제를 발견했던 동일한 수의 많은 교육자들이 있었다는 사실이다. 그들은 이러한 과제와 함께 또한 자기 자신과 모든 다른 '좋은 사회'에 대한 자신의 존엄을 발견했다."(『아침놀』)

"그들의 강력한 정신적인 눈과 통찰력에서 거리, 말하자면 인간 사이의 공간이 싹터 나온다. 즉, 그들의 세계는 더욱 심원한 깊이를 가지게 되는 것이다. 새로운 별과 수수께끼와 이미지들이 그들의 시야에 들어온다. 영혼의 눈이 날카롭고 진실하게 보았던 모든 것들은 이러한 강렬한 응시에 — 아이나 아이와 같은 사람들을 위한 장난감처럼 — 불과했는지도 모른다. 그렇다면 언젠가 미래의 인류에게 지금까지 전쟁과 고난을 초래했던 '신'이나 '죄'와 같은 개념들도 어른의 눈에 비친 아이의 장난이나 고통처럼 사소한 문제로 전락할지도 모른다. 그때 어른들은 새로운 장난감과 고통을 필요로 하리라. 여전히 어린이로, 영원한 어린이로 머물면서 말이다."(『선악의 저편』)

"있을 수 있는 미래로부터 ▸▸ 범죄자가 그 자신이 만든 법을 존중하고 자신을 처벌하는 것을 통해서 자신의 힘, 즉 자신이 입법가의 힘을 행사하고 있다는 자랑스런 감정을 품고 자기 자신을 고발하고 자기 자신에게 자신이 받아야 할 벌을 공적으로 부과하는 상태는 생각될 수 없을까? 그는 법을 범할지도 모르지만 자발적으로 자신을 처벌하는 것을 통해서 자신의 범행을 넘어선다. 그는 솔직함, 위대함 그리고 평온함을 통해서 범행을 불식할 뿐 아니라 공공에 기여한다. 이런 자야말로 있을 수 있는 미래의 범죄자일 것이다. 이러한 범죄자는 물론 미래의 입법, 즉 '나는 일의 대소(大小)를 불문하고 나 자신이 만든 법에만 굴복한다'고 하는 근본 사상의 입법도 전제한다. 많은 실험이 아직도 행해져야만 한다! 많은 미래가 아직도 어둠을 뚫고 모습을 나타내야만 한다."(『아침놀』)

"[미래의 도덕은] 마침내 다음과 같은 동의의 기반 위에 서야 한다. 즉, '한 사람에게 좋은 것은 다른 사람에게도 역시 좋다'라고 말하는 것이 부도덕하다고 판단되는 동의의 기반 위에."(『선악의 저편』)

[해설]

사람들은 참된 철학은 오직 하나만 존재할 것이라고 생각한다. 이에 대해서 니체는 사람들에 따라서 그 사람을 성숙시키고 강하게 하는 철학이 다르다고 본다. 그리고 동일한 사람이라도 그 사람의 나이에 따라서 그 사람이 신봉해야 하는 철학이 달라야 할 것이다. 우리가 수학을 전혀 알지 못하는 어린아이에게 미적분을 가르칠 수 없는 것처럼 철학과 종교도 각 연령에 따라서 달라져야 할 것이다.

이에 대해서 무조건적으로 모든 사람들이 따라야 할 진리란 하나의 독단에 불과하다. 이러한 독단적인 진리를 주창하는 사람들은 자신이 정신적으로 육체적으로 성장할 수 있는 조건을 만인이 받아들여야 할 조건으로 내세우는 것에 불과하다. 이들은 자신들의 개인적인 견해를 세계 자체에 대한 진리로 내세운다.

이에 반해 자유로운 정신의 소유자들은 자신들의 견해를 자신과 비슷한 성숙을 이룬 사람들을 위한 견해로 파악할 뿐이다. 따라서 그들은 자신의 삶의 방식을 다른 사람들에게 강요하지 않으며 그것이 자신에 대해서 어떤 단계에서 가졌던 효과가 사라지면 더 이상 그것에 집착하지도 않는다.

이러한 관점에서 보면 그리스도교 자체도 인류와 각 개인의 어떤 정신적인 단계에서는 인간의 삶의 비참함을 견뎌내는 데 기여한 것으로 간주될 수 있다. 그리스도교의 핵심을 이루고 있는 신이나 죄와 같은 개념들도 일정한 단계에서는 사람들에게 실재 자체라는 진중한 의미를 가지면서 그가 삶의 비참함을 견뎌나갈 힘을 주는 것이었다고 할 수 있다. 그러나 정신적인 성숙과 건강함을 이미 성취한 단계에서는 그것들은 어린아이의 장난감처럼 흥미로운 것 정도로 생각될 수 있을 것이며, 그리스도교가 치유하려던 현세의 고통이라는 것도 언젠가는 어린아이의 상처처럼 가벼운 것으로 여겨질지도 모른다.

해석의 다양성에 대한 긍정

"마침내 각 개인들은 자신의 행동 가치를 자신에게서 찾기 시작한다. 왜냐하면 우리에게 전해 내려온 낱말마저도 우리는 독자적인 방법으로 해석해야 하기 때문이다. 가령 우리 스스로 어떤 공식을 만들지 않는다고 할지라도 우리가 주어진 공식을 해석하는 행위는 개인적인 행위다. 해석자로서의 개인은 창조적이다."(『힘에의 의지』)

"선악의 비판은 결코 우와 열의 피안이 아니다."(『도덕의 계보』)

[해설]

사람들은 자신의 정신적 성숙 단계와 건강함의 정도에 따라서 동일한 현상도 각각 다르게 해석하고 평가한다. 니체가 보기에는 바그너의 음악은 정신적으로 건강한 인간에게는 병든 음악으로 나타나지만 데카당한 인간에게는 그지없이 훌륭한 음악으로 나타날 것이다. 이런 의미에서 니체는 해석자로서의 개인은 창조적이라고 말하고 있다.

그렇다고 해서 니체가 어떤 사건이나 어떤 텍스트를 제멋대로 해석해도 좋다고 말하는 것은 아니다. 더군다나 어떤 사실을 우리가 왜곡해도 좋다고 하는 것도 아니다. 니체가 언제 어디서 태어나서 죽었다는 것은 부정할 수 없는 사실이며 이러한 사실은 사실 자체로서 인정되어야 한다. 그러나 니체가 말하려고 하는 사상적인 내용이나 그것이 갖는 의의는 사람들의 정신적인 성숙과 건강함의 정도에 따라서 다르게 이해될 것이다.

많은 그리스도교들에게 니체의 저서는 금서일 것이며, 니체의 사상은 악마적인 사상으로 나타날 것이다. 나는 어떤 그리스도교 신자가 니체가 미쳐서 죽은 것은 그리스도교를 저주하다가 하나님의 징벌을 받았기 때문이라고 천연덕스럽게 말하는 것을 들은 적이 있다.

보수적인 그리스도교의 관점에서 니체를 해석할 경우에는 니체와 니체의 사상은 그렇게 나타날 수밖에 없을 것이다. 이들은 자신들의 관점을 절대적인 진리의 관점으로 보는 만큼 니체의 사상에 대한 자신들의 해석도 절대적으로 참된 것으로 볼 것이다. 그리스도교적인 관점만을 절대적인 진리로 보는 입장은 다른 여타의 관점들을 모두 사탄의 관점으로 배격할 것이다. 이렇게 절대주의적인 독단적인 입장에 선 니체 해석은 사람들을 건강하고 폭넓게 만드는 것이 아니라 사람들을 그리스도교적인 관점에 예속시키는 것을 목표로 한다.

그러나 건강하고 성숙한 정신의 눈으로 볼 때 니체의 삶과 사상은 전혀 다르게 나타난다. 이러한 관점에서 해석된 니체 해석은 그러한 해석에 접하는 사람들도 더욱 건강하고 성숙하게 하는 데 기여할 것이다. 아울러 그러한 해석은 자신만이 옳다고 강변하지 않고 다른 관점들에 대해서 열린 자세로 접근할 것이다.

니체는 이 점에서 절대주의와 상대주의의 저편에 서려고 한다. 니체는 어떤 관점에서 벗어나 모든 사람들이 받아들일 수밖에 없는 절대적인 진리는 존재하지 않는다고 본다. 그렇다고 해서 그는 모든 관점이 다 동등한 가치를 갖는다는 상대주의를 설파하지도 않는다. 그는 관점들 간에 힘과 건강함에서 등급이 있다고 보는 것이다.

니체는 전통적인 선악 기준을 부정하기 때문에 보통 상대주의자로 불렸다. 그러나 니체는 선악이라는 기준 대신에 우와 열 혹은 강함과 약함이라는 기준을 제시하고 있는 것이다. 힘들은 양적 차이에 따라서 그에 상응하는 질적인 차이를 얻게 된다. 강한 힘은 단순히 힘의 양적인 증가에 그치지 않고 약한 힘과는 전적으로 다른 사고 방식과 행동 방식을 갖게 되는 것이다.

사실주의 비판

“[이러한 사실주의적인 관념들은] 우리가 절대로 상상할 수 없는 눈, 즉 어떤 특정한 방향도 향하지 않는 눈을 사용해야 한다고 주장한다. 활동적이고 해석적인 방향을 통해서만 무엇인가를 볼 수 있는데도 불구하고 우리가 이러한 방향을 완전히 포기해야 한다는 것이다. 이러한 주장은 우리의 눈에게 황당하고 터무니없는 것을 요구하는 것이다.”(『도덕의 계보』)

“판단이 잘못되었다고 해서 반드시 판단을 반대할 이유는 없다. […] 문제는 그것이 얼마만큼이나 삶을 증진시키고 보존하며, 종족을 보존하고 나아가 종족을 향상시키는지의 정도에 달려 있다. […] 거짓을 삶의 조건으로서 인식하는 것 — 그것은 관습화된 가치에 저항하는 것이다. 위험스럽게 말이다. 이러한 모험을 감수하는 철학은 그 사실 자체만으로도 이미 선악의 피안에 서게 되는 셈이다.”(『선악의 저편』)

"자신의 상태를 예술적인 눈으로 바라볼 수 있고, 자신에게 닥친 슬픔과 고통 그리고 역경 속에서도 모든 것을 순식간에 돌로 만들어버리는 고르고의 시선을 가질 수 있다는 것은 커다란 능력이다. 그것은 고통이 전혀 없는 세계에서 유래한 시선이다."(『선악의 저편』)

"우리가 겪게 되는 모든 것을 일종의 교육적 요소로 인식하고 그것들의 가치를 평가하는 것 또한 좋은 능력이다."(『선악의 저편』)

[해설]

니체는 예술이나 역사학에서의 사실주의에 대해서 통렬하게 비판했다. 니체는 세계를 이렇게 아무런 주체적인 해석을 가하지 않고 그것을 그대로 그려낼 수 있다고 보는 사고 방식은 인간을 일종의 수동적인 사진기로 간주하는 것이라고 보았다. 인간은 자신의 지성을 활발하게 운용하면서 자신의 힘을 고양시킬 수 있는 세계 해석을 창조해야 한다. 이런 의미에서 니체는 우리가 우리의 상태를 사진기처럼 수동적으로 묘사하는 것이 아니라 예술적인 눈으로 볼 것으로 주장하고 있다. 중요한 것은 자신의 생을 이른바 객관적인 시선으로 바라보는 것이 아니라 자신에게 닥친 슬픔과 고통, 역경을 오히려 긍정적으로 해석할 수 있는 강한 시선으로 보는 것이다.

천 개의 눈

"이해 관계를 떠난 사유가 아니다. … 모든 것은 단지 관점적인 이해이거나 관점적인 '앎'일 따름이다. 하나의 대상에 대해서 더 많은 감정을 기울여 말할수록, 그것을 보기 위해서 더 많은 다양한 눈을 사용할수록 그 대상에 대한 우리의 '개념'과 '객관성'은 더욱 완벽해질 것이다."(『도덕의 계보』)

"번성하기 위해서 우리는 믿음을 필요로 한다. 우리가 믿음의 반석 위에 서 있기 때문에 추호도 흔들리지 않는 우리의 확실성이 우리의 강점(더 분명하게 말하자면 우리의 약점)이다. […] 그러나 이와는 반대로 약한 줄타기의 줄과 가능성에 매달려 살아오면서 심지어 심연의 가장자리에서도 춤을 출 수 있으며 그리고 모든 믿음이나 확실성을 향한 모든 염원을 거부할 수 있는 사람들의 의지의 자유와 자기 결정의 즐거움과 힘도 우리는 상상해볼 수 있다. 그러한 정신이 뛰어난 자유 정신이다."(『즐거운 학문』)

[해설]

앞의 잠언들은 니체가 모든 관점이 다 좋다는 식의 상대주의자가 아니라는 것을 말해주는 단적인 예라고 할 수 있다. 니체는 우리가 어떤 사태를 다양한 관점에서 볼 것을 요구한다. 그런데 이렇게 다양한 관점에서 보기 위해서는 우리는 어떤 관점을 절대시하는 독단적인 입장에서 벗어나야 한다. 우리는 유연하게 자신의 관점을 바꾸고 다양한 관점들을 서로 비교할 수 있는 자유로운 정신을 가져야 하는 것이다. 흔히 사람들은 어떤 독단적인 관점에 빠져서 사람들에게 그 관점을 강요하는 사람을 강한 사람이라고 부르지만, 사실은 이러한 사람은 그러한 독단적인 관점에 예속된 노예라고 할 수 있다. 자유로운 정신이야말로 진정으로 강한 정신이다.

열려 있는 정신

“진리가 발견되었으며 무지와 오류의 시대는 끝났다는 견해는 가장 매력적인 유혹 중의 하나다. 이것을 그대로 믿는다면 조사, 탐구, 신중함, 실험에의 의지는 마비되어버린다. 이러한 의지는 범죄적인 것으로, 즉 진리를 의심하는 것으로 낙인이 찍히기 마련이다.”(『힘에의 의지』)

“사상가는 어느 정도로 자신의 적을 사랑하는가 ▸▸ 그대의 사상에 반대될 수 있는 그 어떤 생각이든 억누르지 말고 그대 자신에게 침묵하지 말라! 이러한 사실을 맹세하라! 그대는 매일 그대 자신에 대한 투쟁을 감행해야만 한다. 하나의 승리와 하나의 정복된 진지는 더 이상 그대의 관심사가 아니고 진리의 관심사다. 그러나 그대의 패배조차 더 이상 그대의 관심사가 아니다.”(『아침놀』)

[해설]

자유 정신의 소유자들은 단 하나의 유일한 진리를 신봉하지 않기 때문에, 그러한 진리가 발견되리라고 생각하지도 않는다. 『비극의 탄생』에서의 초기 니체가 디오니소스적인 황홀경을 지향했다면, 후기의 니체는 모든 관점들과 가치 평가들을 자유롭게 전환하는 자유 정신을 소중하게 여긴다.

니체는 도덕 자체가 아니라 도덕에 대한 편견을 파괴하려고 한다

"내가 바보가 아니라면 내가 다음과 같은 사실을 부정하지 않는다는 것은 자명하다. 비윤리적이라고 불리는 많은 행위들은 피해져야 하고 극복되어야 하며, 윤리적이라고 불리는 많은 행위들은 행해져야 하고 장려되어야 한다. 그러나 전자도 후자도 이제까지와는 다른 근거들로부터 행해져야 한다고 나는 생각한다. 우리는 다르게 배워야만 한다. 아마 상당히 오랜 후가 될지도 모르지만, 마침내 더 많은 것에 도달하기 위해서, 즉 다르게 느끼기 위해서." (『아침놀』)

[해설]

도덕을 극복하려는 니체의 작업에서 니체가 극복하려는 것은 사실은 도덕 그 자체가 아니라 도덕에 대한 그릇된 편견들이라고 볼 수 있다. 이러한 편견들은 플라톤 이래

유럽의 철학과 종교를 지배해온 편견들로서, 인간이 따라야 할 도덕적 규범들은 인간들의 감성적인 충동이나 욕구와는 무관하게 그 자체로 존재한다고 보는 견해들이다. 그것은 도덕의 기원을 인간들의 경험적인 심리에서 찾는 것이 아니라 이데아의 세계나 아니면 신의 계시 혹은 경험적인 심리와 무관한 양심에서 찾는 것이다.

니체는 모든 도덕 규범들은 사실은 인간이 자신들의 육체적인 정신적인 삶을 건강하면서도 강인한 삶으로 구현해나갈 수 있는 지침들에 불과하다고 본다. 즉, 니체는 도덕 규범들은 우리의 경험적인 현실을 초월한 것으로서 시대와 장소를 막론하고 무조건으로 타당한 것이 아니라 우리가 건강한 삶을 실현하기 위해서 필요하다면 얼마든지 변형할 수 있고 다른 것으로 대체할 수 있는 것으로 보는 것이다.

따라서 니체가 이른바 초월적인 도덕 규범의 존재를 부정한 것은 악이 횡행하는 무법천지의 세계를 정당화하기 위한 것이 아니라, 초월적인 도덕 규범의 잔인한 지배로부터 인간을 해방시켜서 인간의 잠재적인 능력을 최고도로 발휘할 수 있는 정신적인 토대를 제공하기 위한 것이었다. 예를 들어 우리는 성 도덕과 관련해서 육체적인 순결을 무조건적으로 강조하는 도덕 규범들이 죄책감을 만연시키고 사람들로 하여금 자신을 학대하게 하는 결과를 초래했음을 잘 알고 있다.

□ **박찬국**

서울대 철학과를 졸업하고 동 대학원에서 석사 학위를 받았으며, 독일 뷔르츠부르크 대에서 철학 박사 학위를 받았다. 호서대 철학과 교수를 역임했으며 현재 서울대 철학과 교수로 있다. 저서로는『니힐리즘의 극복에 대한 하이데거의 존재사적 사유(*Die seinsgeschichtliche Überwindung des Nihilismus im Denken Heideggers*)』(박사 학위 논문),『하이데거 — 그의 생애와 사상』(공저, 서울대 출판부),『에리히 프롬과의 대화』(철학과현실사) 등이 있고, 번역서로는『헤겔철학과 현대의 위기』(서광사),『마르크스주의와 헤겔』(인간사랑),『실존철학과 형이상학의 위기』(서광사) 등이 있으며, 논문으로는「하이데거에 있어서 니힐리즘의 극복과 존재 물음」,「인간 소외의 극복에 대한 하이데거와 마르크스 사상의 비교 고찰」,「하이데거의 니체 해석에 대한 비판적 고찰」,「하버마스의 하이데거 해석과 비판에 대한 고찰」,「현대 기술 문명에 대한 하이데거와 프롬의 사상」 등이 있다.

니•체•의•잠•언•과•해•설

니체, 인간에 대해서 말하다

초판 1쇄 인쇄 / 2008년 6월 15일
초판 1쇄 발행 / 2008년 6월 20일

■

지은이 / 박찬국
펴낸이 / 전춘호
펴낸곳 / 철학과현실사
서울특별시 종로구 동숭동 1-45
전화 (02) 579-5908~9

■

등록일자 / 1987년 12월 15일(등록번호 : 제1-583호)

■

ISBN 978-89-7775-666-3 03130
*잘못된 책은 바꾸어 드립니다.
값 10,000원